天下文化
BELIEVE IN READING

星雲大師

談智慧

星雲大師 著

目錄

成功與智慧

慈悲生智慧

大師智慧法語

聽故事，開智慧

智慧珠璣

出版者的話

台灣社會的另一個奇蹟

——星雲大師的開創性貢獻

高希均

一句話影響了我的一生。這句話是：「觀念可以改變歷史的軌跡。」那是一九五九年的秋季，剛到美國修習經濟的第一學期，讀到了二十世紀經濟大師凱因斯的這句名言。

離開那時思想上相當閉塞的台灣，當一個二十三歲的年輕人，接觸到這些壯闊澎湃的西方思潮，就下定決心要做一個「傳播進步觀念」的知識份子。

正因爲四十多年來投入了進步觀念的提倡，就深深體會到鼓吹與傳播進步觀念不難，只要有一些無欲則剛的勇氣與知識份子的堅持；但是要把鼓吹的進步觀念落實，而又能遍地開花結果，則需要大決心與大智慧。

儘管五十多年來的台灣社會，已經從落後變成小康，從閉塞變成開放，從威權變成多元，但能夠結合佛教思想與推廣實踐的人物，卻是鳳毛麟角，當首推星雲大師。

很幸運的是，結識二十餘年的星雲大師，正是這樣一位集創意（進步觀念）、改革（新的做法）與教育（普及眾人）於一身的開創性人物。

我不清楚他的信徒到底有幾百萬？每年他在世界各地佛法的宣揚有幾百場？遍佈世界各地的道場有多少個？他寫的書暢銷幾十萬冊？他組織的讀書會有上千個？但我常讀大師的著作及文章，常看「人間衛視」及《人間福報》，也有機會參觀過佛光大學、南華大學及美國的西來寺等大學。看到這些學府所設科系的周延、在校學生的水準及學習環境的優良，就會感覺到我們這些教育工作者的所作所為，是何等的微不足道！

我們不要把他的成就，只歸功於信徒；不要把他的「事業」只認為是宗教；更不要把他的貢獻，侷限於台灣。星雲大師的貢獻實在跨越宗教，超越台灣，飛越時空。

我的體認是，星雲大師擁有三個特質：

●一位果斷的、身體力行的宗教改革家。
●一位慈悲的、普及佛理的創意大師。
●一位博愛的、提倡知識的教育家。

五十多年前一位來自大陸揚州的年輕和尚，不懂台語，身無分文；但心無二用，腦無雜念，穿越了台灣半世紀的時光隧道，開創了一個無限的佛光世界，這眞是超越經濟的另一個台灣奇蹟。

星雲大師弘法五十多年，天下文化特別出版《星雲大師談讀書》、《星雲大師談處世》、《星雲大師談幸福》、《星雲大師談智慧》四書，幸福是台灣人民所企盼，智慧是台灣社會所需要，就讓大師的說法啓發我們、引領我們，福慧兼修，再創奇蹟。

（本文作者爲天下遠見出版公司創辦人）

智慧來處

自序

我經常感覺，這個世界並不缺少「眞善美」，而是缺少「發現」。因爲發現，人類締造了世界的物質與精神文明。亙古的偉大發現者佛陀，在菩提樹下夜睹明星而證悟的第一句話，即說：「奇哉！奇哉！大地眾生皆有如來德性，只因妄想執著不能證得。」智慧本然存在，不假外求，人們所要努力的，只在於經由如何的路徑，讓心性中的那顆明珠，顯發光芒。

路徑，從心出發，看山水，觀人事，展書卷，勤修行，智慧自能從中啓迪。

山水間得智慧，這是人與自然的無言對流。大塊假我以文章，青青翠竹皆是妙諦，鬱鬱黃花無非般若。山的巍然凝定而四時變化，人生境遇不都經常這般遷演？水的起落流淌而綿綿不絕，生命的高低不也是如此的曲線？世事中有山有水，人情中有山有水，能從山海間居仁養智，正可用於娑婆紅塵。

人事間得智慧，鮮明的體悟來自生活實境。「接受」是最好的學習態度，社會上的人情世故，古今聖賢的奮鬥有成，報章雜誌的資訊新聞，無不是足可取法的閱歷。「經營之神」松下幸之助，在挫折潦倒時想起鄉下人洗甘薯，穎悟到桶中甘薯的上下浮沉，正是人生寫照，因此受到極大鼓舞，終於成就非凡事業。一個人的思想模式，不能只是單向的直線，要從前後、左右、上下、正反多方思慮。換個角度，往往就會轉圜出新機。

書卷中得智慧，閱讀是與古今聖哲相往來。前人有云：「讀經傳則根柢厚，看史鑑則事理通。」我的弟子經常問我：「爲什麼您看書都能過目不忘？」這固然是因爲我有心去記住內容，並且實踐在生活上，也是因爲我平常做任何事都會仔細思維，全力以赴，所以往往看到書中某一句佳言，就立刻能有所悟道，觸類旁通。所謂「心靜鳥讀天，水清魚讀月。」讀書入心，一句偈也能在生活運用中，獲得萬千價值。

修行中得智慧，聞、思、修才能入三摩地。其中的「修所成慧」，即是以行持、實踐來喚醒自身的智慧力量。修，有苦修、樂修、眞修、內修、共修、自修。衣服破了，要修補才能再穿；房子壞了，要修理才能居住；身心壞了，當然也要修補，才好使用。修行，能做好人；修心，能夠成佛。只要有修，必然有證，這就是修所成慧了。

人生在世，所謂「智慧周旋常遍轉」，不論遭遇如何境地，山不轉，路轉；路不轉，人轉；人不轉，境轉；境不轉，心轉。心一轉，宇宙人生，窮通禍福，一派瀟瀟灑灑，任運自然。

成功與智慧

做事，若能設定目標，
將每一次當成第一次或者最後的一次，
甚至唯一的一次，全力以赴，哪有不成功的道理？
有智慧的人，對於任何事物都有正確的認識與了解，
「別人看到外，我看到內；別人看到相，我看到理；
別人知道點，我知道面。」這就是智慧。

人生的能源

人生要擁有什麼最好呢？無庸置疑，就是智慧。人類文明之所以一日千里，不是金錢造就的，而是眾人智慧的結晶。

智慧，「智」者從「知」，汲取知識是智慧的開始。然知識是用學的，智慧是用悟的；能「日進新知」，並將知識活用於生活，融入於生命，這才是眞智慧。平時聞法、思法、修法，可以幫助我們開啓智慧。

世間上最可怕的是無明；開顯心中的智慧才是斷苦之本。有智慧的人，對於任何事物都有正確的認識與了解，「別人看到外，我看到內；別人看到相，我看到理；別人知道點，我知道面。」這就是智慧；「感謝因緣」，就是有般若的智慧人。《六祖壇經》說：「改過必生智慧，護短心內非賢。」能夠「知過改過」，更是大智慧。

有智慧的人，懂得尋找生命的根源；懂得提起「生從何處來，死往何處去」的疑情。有智慧的人，凡事往大處著眼，並能識大體，不會爲了私事而和人計較，自然能夠受人尊敬。有智慧的人，愈是緊急的時候，愈能鎮靜沉著；唯有在鎮靜中才能想出應付事變的方法。

智慧乃靠先天的稟賦及後天的努力，兩者相較，後天的努力遠較先天的力量大。老子說：「大直若屈，大巧若拙。」眞正有智慧的人，必懂韜光養晦，必懂內斂含蓄，所謂「大智若愚」是也。

智慧就是財富，一個人的勞力有限，眞正的能源在於內心的智慧；能夠開發內心的能源，人生才會活得充實、快樂。

再創生機

被譽為「經營之神」的松下幸之助，成功之前曾經遭受重重的挫折、打擊，但是他想起了鄉下人洗甘薯時，一大桶待洗的甘薯，在鄉下人手持木棍不斷攪拌下，大小不一的甘薯，上上下下，浮浮沉沉，互有輪替。此情此景給了松下幸之助極大的啓發：他發現，這些甘薯的浮沉輪替，不正是人生的寫照嗎？人生不會永遠得意，也不會永遠潦倒，因此給了他極大的鼓舞力量，最後終於成就了非凡的事業。

人生沒有定局，一切都在變異當中。社會時時都在重新洗牌，一切都可以改變，一切都可以重新再來。人生不要因一時的失敗就灰心喪志，凡事都有機會再創生機。

忍的智慧

一般人受了欺侮、冤屈，往往痛哭流淚、暴跳如雷。但是，哭過了，跳過了，也就沒有力量了。假如能忍住眼淚，忍住暴怒，保持平和，保持鎮定，這就是忍的功夫了。

忍，不是懦弱，不是無用；忍，是一種力量，是一種慈悲，是一種智慧，更是一種藝術。忍之一字，是接受，是擔當，是負責，是處理，是化解，是承擔的意思。

佛陀說：「不能忍受譏諷毀謗，如飲甘露者，不能名爲有力大人。」他自己作忍辱仙人的時候，被歌利王誣陷、割截身體，他都不生氣，所表現的正是「難行能行，難忍能忍」的修行功夫。

忍，是佛教認爲最大的修行。無邊的罪過，在於一個瞋字；無量的功德，在於一個忍字。

培養勇氣

人，要有勇氣，才能在人世間的橫逆挫折中，愈挫愈勇。有慈悲、有智慧還要有勇氣，才能完成常人做不到的事。勇氣的表達不是妄逞能力，有時候，知恥、認錯、慚愧、懺悔，才是勇氣；忍耐、承擔、割愛、克己才是勇氣。

現在的人，學習知識比較容易，學習當一個勇者困難。有的人平時逞強好勝，但在危難之前，卻忘失身負的重任，忘失做人的骨氣。所以，眞正的勇者，沒有多年的修心養性，是不容易成功的。

美國的太空人要升到太空以前，都要修習禪定，因爲禪定能養成一個人的勇氣。當一個人在生死之前，都能無所畏懼，還有什麼不能勇敢的呢？

有容乃大

萬物都能相互包容，人們對於不同的民族、不同的國家、不同的宗教、不同的身分，爲什麼不能相互包容呢？

耶穌說：「愛你的仇敵」，佛陀鼓勵人要「怨親平等」；做人處事，要不念舊惡、不計前嫌、不妒人有、不瞋人好；心量大的人，做事自然會得到人助，自然能成其大業，因爲「有容乃大」。

❖❖❖

「得理而能饒人，是謂厚道，厚道則路寬；無理而又損人，是謂霸道，霸道則路窄。」

蘇東坡與章惇從年輕時即相識相交，但章惇當宰相時，卻把蘇東坡發配嶺南，之後又貶到海南。後來蘇東坡遇赦，章惇反被放逐到嶺南的雷州半島。蘇東坡聽到消息，在給朋友的信中對此表達無限的同情與難過，並且對章惇的兒子說：過去的無須再提，多想想以後吧！

寬容是美德，包容是促進人類和平的良方！能以敦厚寬容的善心對待生活中的一切橫逆，久久成為力量，前途必然平坦順利。

全力以赴

有個老和尚帶了小沙彌去山裏撿柴火，突然間小沙彌看見了一隻狐狸正在追逐野兔，於是央求老和尚設法救救兔子，老和尚心平氣和地說：「你放心，十之八九兔子都不會被狐狸追到。」

小沙彌很疑惑老和尚這樣的看法，但沒多久狐狸就放棄了兔子，小沙彌很好奇的問老和尚原因，老和尚說：「狐狸幾乎天天都看到野兔，所以追野兔不會全力以赴，反正這次沒追到，下次還是有機會，因此多被兔子跑掉了！」小沙彌似有所悟地問：「那兔子爲什麼跑得掉呢？」老和尚語重心長地說：「因爲兔子將每一次都當成第一次那樣地拚命，而且是唯一的一次，因爲這一次跑不掉，生命也就沒有了！」

我們設定目標，若將每一次當成第一次或者最後的一次，甚至唯一的一次，哪有不成功的道理？

驕慢與傲骨

所謂「驕」氣不可有，「傲」骨不可無，因爲驕慢是成功的敵人，傲骨是成功的朋友；驕慢會給人看輕，傲骨則會給人尊重。

有的人，仗著一知半解，他就趾高氣昂，不可一世；稍稍擁有一些名利，他就志得意滿，盛氣凌人。因爲他的驕氣，反而給人鄙視和看輕。另外也有的人儘管貧無立錐之地，但他不乞求人憐；雖然無位無名，但憑著平時的傲骨，反而受人尊重。所以富貴能夠不驕慢、貧窮而有傲骨的人，自然就能處在貧富之中，都能自得其樂了。

人，得意的時候就容易產生驕氣，失意的時候便容易喪失志氣；人應該在得意的時候去除驕氣，失意的時候反而要增加傲骨的志氣。所謂「富貴不能淫，貧賤不能移，威武不能屈」也！

驕慢，都是因爲有所比較；我與人比之長短，我與人比之高下。所以，有一些人「以己之長比人之短」，愈比愈驕橫我慢；但也有人「以己之短比人之長」，更加激發自己的志氣，所以愈比愈傲然屹立。

其實，驕氣不可有，驕矜自大，必有吃虧的一天；傲骨不可無，過分的屈膝奉承，也永遠沒有抬頭之日。所以，吾人在貧賤的時候，眼中不可只看到富貴，如此自有傲雪風骨；當得意的時候，要能不忘記貧賤之時，自然不會驕慢不恭。一個人能夠「富而不驕矜、貧而有傲骨」，自能活得安然，活得有尊嚴！

念念分明

人，有時連自己在想什麼，都渾然不覺，更別說爲了做事順利，還得了解別人在想什麼。

禪宗教導我們，想要照顧自己、照顧所有往來的人，必須「念念分明」。

做事之前，先想想，這麼做有益於別人嗎？說話之前，先想一想，這句話說出來合理嗎？

說話人不愛聽，做事侵犯他人，終究會遭到反彈。

本性能改

美國總統富蘭克林，少年時代是個狂妄的人，有一天，他覺悟到，要做一個成功的人，一定要先掃除人格上的缺點。於是他把自己不良的習慣、不受他人歡迎的性格，一一列在牆壁上，例如：好爭辯、沒禮貌、不守時、無耐性、執著、自私、懶惰、說歪理、不尊重別人、沒有寬恕的雅量、好計較等，總計有幾十項之多。他立志要改革這許多缺點和惡習，每天都逐項考核自己的言行，一有成效，就把該項缺點從牆壁上刪除。經過一段很長的時間，他果然革除了缺點，養成和藹可親的性格，受到廣大群眾的歡迎，終於當上美國的大總統。

俗語說：「江山易改，本性難移」；難移並非絕對不能移。因此，只要你有決心、有勇氣想要改正缺點，初時雖然很難，但終究並非不能改。有痛下決心「改正缺點」的勇氣，才有機會成爲一個受人尊敬的聖賢完人！

人脈與實力

人脈關係，要積聚許多因緣，平時你慈悲、熱忱，給過別人許多因緣，人家親近你、佩服你，彼此有了深厚的交往，才能說是人脈關係良好。

人脈關係不是靠吃喝玩樂、利益往來、關說請託，否則一不小心就會牽扯到法律上的問題。人脈關係最好是從恭敬、謙虛、知識交流中建立，從「君子之交淡如水」的感情來往中建立。

今天的時代除了人脈還需實力；即使沒有人脈，只要自己有實力，凡事還是能夠左右逢源，水到渠成。

❖❖❖

俗云：「入山看山勢，入門看人意。」今日一照面，從別人的動作表情，就知道會有什麼樣的情況，這就是行情。

人際往來，自己的身價行情如何？適合與什麼人來往？今日接受人家的邀宴，參加以後對彼此有何影響？舉凡人生的各種行情，我們心中都要有數。尤其，自己的道德、學問、修養、人緣、家世、教育等，也都有行情；沒有把行情搞清楚，就會高不成、低不就。

人，要提昇自己的行情，自我充實是很重要的。美麗的包裝固然能引人注目，但那只是表面的；腳踏實地累積經驗、智慧，一旦時機因緣成熟，自然會有行情看漲的一天。

心能轉境

陡峭的高山，直上很難，必須要迂迴轉折，才能登上峰頂。所謂「山不轉，路轉；路不轉，人轉；人不轉，境轉；境不轉，心轉。」心一轉，不但山呀、路呀，境界都跟著我們所轉；宇宙人生，窮通禍福，也會隨著我的心而轉。

愛迪生面對工廠失火，所有財產付之一炬，許多人擔心他受不了如此打擊，沒想到第二天他告訴員工：「感謝大火沒有把我燒毀，卻把以前的錯誤全部燒光，從今天開始，我們重新出發。」

心能轉境，任何障礙反成助力。

❖❖❖

世事艱難，不能由你隨心如意。當意氣風發飛揚的時候，自己可以乘懷順意；當世事與人違逆的時候，你必須要服氣。

輸給別人，要服氣，下次再來；形勢不如人，種種的屈辱，就要服氣。服氣只是屈服於一時，但做人要爭氣，爭千秋之氣。不服氣就不能受委屈，不能忍受一時的委屈，又如何爭氣呢？

人不要賭氣，更不要生氣，該服氣的時候服氣，不忘將來爭氣，才是勝利的人生。

工作換跑道

換一個跑道，當然可以！只是，要換跑道的時候，應該慎重地了解你自己，了解你即將更換的這個跑道的狀況。

你是一位善跑者，跑道不好，對你的影響不大；跑道很好，而你不具備跑者的優勢，也難跑得出好的成績來啊。

換一個跑道，可能跑出很好的成績，彼此相得益彰；但也可能跑出更不理想的結果。一再的換跑道，難免浪費了時間、失去了先機，一切都必須重頭做起。

當工作遭遇了困難，是什麼樣的問題，就要用什麼樣的方法來解決，千萬不能以「更換跑道」來逃避問題。因此，跑道可換否？不可換否？有外緣的關係，但眞正的，存乎一心而已。

怨謗隨人

在世間上做人做事，要做到沒有人怨，這是不可能的，所以凡事只要但求無愧我心，豈能盡如人意？奉勸所有工作者，能夠任勞，不算有功；能夠任怨，才是有力之人。

寒山問拾得：「世人穢我、欺我、辱我、輕我、賤我、惡我、騙我，我應該怎麼辦呢？」

拾得回答：「那只有忍他、由他、避他、耐他、敬他、不要理他，過幾年你且看他。」

寒山、拾得的這一段對話，或許可以給我們一些激勵吧！

稱職的主管

主管與屬下除了彼此的工作關係外，對屬下思想的灌輸、忠貞的培養、進德和修業的增進，都要站在輔導的立場。一天當中除了工作外，還有很多事情要做，故不可能二十四小時都板著「主管」的面孔與屬下相處，要把自己融解於團體中，就如佛云「我是眾中一個」。

《願體集》上有句話說——

「人能以待死者之心待生人，則其取材也必寬。人能以待初交之心待故舊，則其責備也必恕。」

❖❖❖

一個主管用人，必須要發現被用者的長才，護其短處，即使偶有過失，也要代他承擔責任，要讓他有發揮的空間，要跟他保持經常的連繫，在尊重、知遇之下，他才肯為你所用。

❖❖❖

用人要用心，所以主管不能把部屬只是當做工作的伙伴，而要做道德、情義、思想、精神上的伙伴。不要讓部屬只是用人來做事，而是用心做，這才是最高級的用人學。

❖❖❖

處下位的人，聽人指導，服從領導，這是表示忠貞；居上位的人，如果自己沒有理想，沒有能力，沒有作為，只是聽命別人，作別人的幌子，達到某些少數人的欲求，就是傀儡。

用人之道

在書本上，看到幾則用人之方，值得身爲主管者參考——

凡卑躬屈意地侍奉賢人，虛心受學，那麼本領百倍於自己的人就會前來。

如果比別人先趨後息，先問後憩，那麼本領十倍於自己的人就會前來。

如果和別人同進同出，人趨亦趨，那麼和自己同樣才能的人就會前來。

如果靠几拄枴，斜眼地指揮別人，那麼仰承鼻息的小人就全都來了。

如果恣縱暴戾，憤然打揍，頓腳發怒呵斥，那麼最下流的奴才也都送上門了。

❖❖❖

工商社會用人，動機愈形複雜，有的是看錢，有的是看感情，有的是看人，有的是看事，有的是看能力，有的是看才華，有的是看忠義。

我覺得會用人家的「錢」是次等，懂得用「人」是中等，會識對方的「才」是上等，更高層次是用這個人的「義」，也就是說，用人之道在於：「不光要用這個人的力，更要用這個人的才；不光要用這個人的錢，更要用這個人的義」，忠義價值不可限量。

領導與服從

「良禽擇木而棲，忠臣擇主而事」，找一個領導人是不容易的事。自古領袖也慨嘆：「千軍易得，一將難求」。

臣事主，帥求將，都是不容易的事。

人最怕不能領導人，也不能被人所領導，終致一事無成。

想找一個領袖，先要做一個肯服從領導的好幹部。

可以成爲領袖固然很好，但能爲領袖所重用，也是成功。

❖❖❖

我有四種徒弟——

一、很能幹，也沒有脾氣。

二、很能幹，但脾氣很大。
三、不能幹，也沒有脾氣。
四、不能幹，但脾氣很大。
故與人共事時，其能力也分為四等——
一、能領導人，也能接受人家領導。
二、能領導人，但不能接受人家領導。
三、不能領導人，但能接受人家領導。
四、不能領導人，也不能接受人家領導。
「看他人錯失處，處處當反觀內省；說他人是非時，時時將自己勘驗」，希望佛光山每一位弟子，都能自省自己是哪一種徒弟？哪一等人眾？

建立「人相」

有一個長輩教育子孫，不教他們學問，而是教他們認識社會上各行各業，乃至各個領域裏的專家學者們各有何專長？例如政論界的學者，哪些人有什麼專長？經濟學者，哪些人有什麼傑出成就？甚至文學、科學、醫學、史學、哲學等領域，各有哪些學有專精的人士。

這樣做的理由，是想讓小輩認識各家的菁英，成爲「心中的人物」。

他又教育子孫要牢記人名，一千個、二千個，甚至幾萬個，主要的都是要讓他們「心中有千軍萬馬」；心中有人，還怕沒有事業嗎？

宋朝名相呂蒙正，每與人談話，總不忘問他有沒有認識什麼人才；有則馬上記入隨身的小手冊裏，適時推薦給朝廷。

今日領導者，不僅口袋裏的小冊子要有很多人名，「心中有人」，更爲重要。

《金剛經》說「無人相、無我相、無眾生相、無壽者相」，這是覺悟者體悟法界平等的最高境界；但是在世間法當中，你可以「無我相」，但不能「目中無人」，更不能「心中無人」。所以，還是讓我們在心中建立「人相」吧！

照顧腳下

有人問一位哲學家：「從地到天有多高？」哲學家回答：「三尺高！」「怎麼可能？我們人都有五、六尺高。」哲學家回答：「所以，在天地間立足，要懂得低頭。」低頭才能「照顧腳下」，一步一腳印，把路走好。低頭，是成熟，是美德；古樹結實，稻穗成熟，都是低頭的樣子。低頭是謙卑，低頭的人才有人緣；能低頭，才會有揚眉吐氣的一天。

❖❖❖

在叢林求學時，糾察老師對學生們好奇地東張西望，總會喝斥著「把眼睛收起來」，提醒大家眼睛不要看外面的色塵，要看自己的腳下，看自己的內心，注意當下，照顧自己的心念，反觀內在平靜的世界。

我只有挨家挨户

美國一家公司招考員工，有個青年前往應徵。經過考試後，及格錄取，主考人員說：「我會再用E-mail（電子郵件）跟你連絡。」

青年說：「我沒有E-mail。」

主考人員說：「我們公司不會用沒有E-mail的員工。」於是拒絕了他。

青年回家途中，身上只剩十塊美元，心裏非常惶恐。不得已，掏出身上僅有的十塊美元，買了一大堆馬鈴薯，就挨家挨戶去推銷，如此賺了幾十美元，信心大增。第二天，他又買了很多的馬鈴薯，再去挨家挨戶的推銷。

數月後，青年買了汽車；數年後，開了工廠，許多企業界的人士，都很喜歡與他往來。大家認識交往之後都說：「有事我會E-mail給你。」青年說：「我沒有E-mail。」大家很驚訝：「你工廠事業做得這麼大，怎麼會沒有E-mail呢？」青年表示說：「我只有『挨家挨戶』，我沒有E-mail。」

現在的青年想要創業，一開始就說，我沒有辦公室，我沒有資本，我沒有電話，我沒有秘書，我沒有電腦，我沒有汽車……，其實重點在有沒有「挨家挨戶」，而非有沒有E-mail。

靈巧的人

氣功師練功，一日不練，十日無功；十日不練，百日無功；時斷時續，斷送氣功。鋼琴家，一天不練，自己知道；兩天不練，同行知道；三天不練，外行知道。作家，一日不寫，筆重十斤；兩日不寫，筆重百斤；三日不寫，筆重千斤；久不動筆，筆重萬斤。

所謂「養成大拙方爲巧，學到愚時才是賢」；要得巧功，必先付出許多笨拙的苦功。

笨拙是靈巧的根基，眞正的靈巧是從笨拙中增長的。速成的東西總不能持久，能從「拙處力行」，彌久不輟，才能見出眞功夫。

你常懊惱自己的笨拙嗎？你羨慕做事靈巧的人嗎？其實，只要用心學，也可以爲自己做事的靈巧加分。

首先，當你接觸外境，遇到外緣的時候，要能「快速反應」；當你從事工作，接受任務時，必須「勤勞主動」。遇有人際往來的活動時，要「熱心參與」；對別人說話，必須「簡潔扼要」，並在適當的時機展現「幽默機智」。處在團體人群之中，要能「風儀瀟灑」、「熱情洋溢」；對於社會公益，要「熱心參與」；遇到困難的時候，能夠「思想清明」；如果對長輩、上司有所諮詢，必須「答問機智」……這些訣竅你要多觀察靈慧善巧的人如何運用，慢慢地就能心領神會。

靈巧的人，一個問題來了，他一定會有第一、第二、第三、第四，甚至有更多的解決方案；靈巧的人，每走到一個地方，他一定會把東、西、南、北的空間、方位，都能了然於心。靈巧的人做事，他能關照到前、後、左、右，面面俱到；靈巧的人處世，他的心中會有你、我、他、人，不會自私。

做事，不懂得「法無定法」，受限於成見、執著，當然就不能靈慧善巧。做人，要像虛空一樣；空，可以成方形，可以成圓形，可以成角形，變化無窮，但總不離本體，那才是靈巧。

❖❖❖

有人認為人死之後，才有靈魂，其實不然。一個人的眼光有神，那就是靈魂的作用；精神奕奕，就是靈魂的發揮。一個人氣宇軒昂，勇敢自信、靈活靈巧，全是靈魂發揮的作用。

人有了靈魂以後，做事就能靈敏，說話就能靈活，處事就能靈巧，做人就有靈氣，作文就有靈感。但許多人只追求神奇的靈通，反而把自己精神世界裏所謂的「靈魂」，弄得不靈光了。

琢磨琢磨

一件事情，能不能做？可不可做？好不好做？要不要做？應該「琢磨琢磨」。

說話，「琢磨琢磨」後再說，才不會得罪人；做事情，要「琢磨琢磨」，會不會討人便宜？利益當前，要「琢磨琢磨」，會不會侵犯人家；榮譽臨身，也要「琢磨琢磨」，堪不堪接受？投資也要「琢磨琢磨」，是否穩當；朋友論交，也要「琢磨琢磨」，看彼此是否眞心眞意。甚至結婚也要「琢磨琢磨」，是不是眞的情投意合，甘願奉獻。

琢磨者，就是思前顧後。因爲這一個世界不是我個人的，話一出口就與人有關係，事一出手就與人有交道。個人等於大海一滴，你這一滴跟大海之水不能融和，怎麼能在無邊的大海裏生存呢？

榮耀與成就

榮耀人人希望，人人追求。但是，「一時的榮耀」與「歷史的成就」大不相同。

有的人生前榮耀，死後罵名，例如宋朝的秦檜、明朝的魏忠賢等；有的人生前榮耀，後來也沒留下罵名，但是死後悲涼，例如九合諸侯、一匡天下的霸主齊桓公，死後竟然六十餘日無人收屍，豈不悲哉！

有的人忠肝義膽，生前雖然遭遇種種的災難，但是死後名垂青史，流芳萬世，永遠爲後人所懷念，例如「趙氏孤兒」的趙盾一家，以及輔佐楚莊王稱霸的孫叔敖、幫助秦穆公征伐西戎，擴大疆土的百里奚等，他們至今不都依然爲人所稱道嗎？

有的人的榮耀天下皆知，有的人的榮耀只有一個人欣賞。例如，在父母的心目之中，我是一個榮耀的兒女；在夫妻相處之中，我是一個榮耀的妻子；在團體之中，我是一個榮耀的會員；在國家之中，我是一個榮耀的公民，此種榮耀不是要比一時的榮耀更有意義嗎？

因發現鐳而聞名全球的居禮夫人，她把英國皇家協會頒發給她的獎章，當成孩子的玩具；因爲她知道：那只是一個階段的榮耀，不能永遠守著它，否則就將一事無成。

不管是人或事業，不要認爲過去的光榮是可以永久被肯定的，現在的成就才是重要。而「現在」馬上就會成爲「過去」，緊接著又有下一個「現在」，「苟日新、日日新、又日新」才能夠禁得起時間的鍾鍊。

休息力

佛教說有四種精進力，其中一種就是休息力。阿那律尊者，一次在聽佛陀說法的時候打瞌睡，佛陀教訓他：「咄咄汝好睡，螺螄蚌殼內；一睡一千年，不聞佛名字。」阿那律慚愧，從此精進，不再休息，導致眼睛失明。佛陀告訴他，適當的休息，也是精進！

休息是為了走更長的路，但休息也常被人作為懶惰的擋箭牌。一日之中，上午休息，中午休息，晚上也要休息；一年之間，國定假日休息，例假日休息，甚至不放假的時候也要休息。如此藉故休息而不工作，則人生倒不如乾脆就到棺材裏面去作永久的休息！

休息也要有休息之道，人有時候，眼、耳、鼻、舌、身不動了，心還在動。例如睡覺的時候，眼、耳、鼻、舌、身都睡著了，可是心起來做夢，人我是非，種種驚險，醒來驚得一身大汗，便無法做完全的休息，徒然浪費時間。

❖❖❖

俗云「未披袈裟嫌事多，披了袈裟事更多」，五十年的佛教生活中我從不曾休息過一天，每天都是在工作中休息，在休息中工作。「工作」是滋養一個人的養料，故人不可不工作，一旦退休，則易老化和衰微。工作與休息要互相調理，在工作中，不感覺到辛苦；在休息時，培養隨時可以再工作的活力，就能做到人忙心不忙的安然態度。

你要做哪種人

有一種人，一生都喜歡做「上、中、前」：吃飯喜歡坐在上首；照相喜歡坐在中間；走路喜歡走在前面；面對責難則低「下」頭，遇見危險躲「後」面。

你身旁的朋友，有這樣的人嗎？

吃飯坐在上首，表示自己的地位；但是也要知道，自己的修行能夠讓人「眾星拱月」嗎？照相坐在中間，也不是不可以，只是別人「心悅誠服」嗎？走路走在前面，大家都「心甘情願」隨你而行嗎？若非如此，就必須謹慎考慮了。如果不當的座位，你坐在上面，不只是座椅上有針有刺，可能今後在別人的心中，就把你踢出心外了。照相不當坐於中間，你不敬人、不謙虛，可能就會失去別人的擁戴了。走路好走在前面，至高至大，不懂得敬老尊賢，不懂得謙虛讓道，尤其少年得志，前面的阱坑，前面的危險，就夠你消受的了！

人，不要先做「上、中、前」，要先由下而上、由偏而中、由後而前；下面的基礎不厚實，你不能往上、往高，因爲高處不勝寒。你不從偏處做起，一下子就擠入到核心，光芒四射，你有儲蓄那麼多的光電嗎？後方的資糧充足，後勤的準備完善，我們才能漸漸的走向前方。

潙山禪師雖是開宗立派的一代禪師，卻一直都有「居下如土」的精神，甚至連所發的願，都希望做一隻爲眾生服務的老牯牛。可見一個人必須積聚萬千的服務功德，才能成爲上首菩薩。

立身處世也好，成功立業也好，先要安於幕後，等到自己的表現慢慢被人肯定，即使你不想向前，別人也會擁戴著你，推向上、中、前。

人在高處不易立足，因爲高處是眾人矚目的焦點，在高處如果沒有高超的道德，沒有高超的智慧，沒有高超的人望，別人就會把你拉下來。

人追求見識、思想、感情的高超，想要「欲窮千里目」，就必須要能禁得起高處的嚴寒，必須要有勇氣忍受高處的寂寞，高山上的植物，都是能耐嚴寒的。

能力涵養夠的人，不但能「高高山頂立」，也要能「深深海底行」；能高能低，能大能小，天下世間，一覽無餘。

❖❖❖

在我們日常生活中——

◎丈夫有三等——

上等丈夫：回家幫助料理家務。

中等丈夫：喝茶看報讚美太太。

下等丈夫：氣勢凌人嫌東嫌西。

◎太太有三等——

上等太太：治家整潔賢慧有德。

中等太太：慰問丈夫讚美辛勞。

下等太太：嘮叨不休刻薄自私。

◎兒女有三等——

上等兒女：孝敬長上敬業有禮。
中等兒女：供親所需知所進取。
下等兒女：一生無成遊閒疏懶。
◎朋友有三等——
上等朋友：推衣解食患難扶持。
中等朋友：同甘共苦互助互勉。
下等朋友：利用友誼非法行事。
◎同事有三等——
上等同事：尊敬友愛推重其能。
中等同事：合作無間互信互助。
下等同事：興風作浪破壞好事。

每一個人在生活中都可以擁有多重的角色，是父母的子女，是子女的父母，是先生的太太，是朋友的同事……，要把自己設定在哪一等層次，端看自己要做哪一等人？

❖❖❖

世界上的人，可以說是形形色色，多種多樣，但是每一類大致上可分為四等——

對於自己的過錯：有的人先知先覺，有的人現知現覺，有的人後知後覺，有的人不知不覺。

成長過程中：有的人先大後小，有的人先小後大，有的人先大後大，有的人先小後小。

學佛人有多種層次：有的先迷後悟，有的先悟後迷，有的悟中有迷，有的迷中有悟。

朋友有四等：有的能同甘不能共苦，有的能同苦不能共甘，有的能同甘亦能共苦，有的不同甘亦不共苦。

信徒有多種：有人修福不修慧，有人修慧不修福，有人福慧皆不修，有人福慧皆全修。

待人方面：有人先恭後傲，有人先傲後恭，有人不恭不傲，有人又恭又傲。

師長教導後進的方式分四等：有的先慈後嚴，有的先嚴後慈，有的亦慈亦嚴，有的不慈不嚴。

對財富的看法：有人先有後無，有人先無後有，有人先有後有，有人先無後無。

終其一生，談到遭遇：有人先苦後樂，有人不苦不樂，有人先樂後苦，有人先苦後苦。

事業方面：有的人只進不退，有的人只退不進，有的人不退不進，有的人能退能進。

講到這裡，忍不住要問大家：你是屬於哪一種人呢？

慈悲生智慧

一點慈悲，不但是積德種子，也是積福根苗，試看哪有不慈悲的聖賢？
一念容忍，不但是無量德器，也是無量福田，試看哪有不容忍的君子？
人生中，慈悲的人不易被人打倒，
能忍的人不易被人打倒；慈悲沒有敵人，
忍者無人抗拒。

嚴與愛的教育

在禪堂裏，出了一個小偷，大家請堂主依戒規驅逐，堂主同意，卻一直沒有採取行動。過了一段時日，小偷又犯下偷竊，大家再向堂主訴願，請堂主立即將其開除。堂主示意說好，但仍然沒有行動。一而再，再而三，大家終於群起抗議，聲言如果不將小偷趕走，大家就集體離去。堂主召集大家，和言悅色地說：「你們各位都是健全的人，如果離開了，不管走到哪裏，都可以安身立命；但是這個偷東西的人，他心志不全，如果連禪堂都不能接受他，社會如何能容得下他呢？」大眾聞言，皆受感動；小偷也心生悔悟，從此改過自新，成爲一個眞正的禪者。

堂主的作風，正是「嚴」與「愛」的最佳教育！

慈悲可貴

有一位沙彌，跟隨一位有神通的禪師學道。有一天，禪師發現這個沙彌徒弟只剩下七天的壽命，心有不忍，就藉故讓沙彌回家探望父母。

七天後，沙彌安然回到寺裏，師父一見，極爲訝異，就試探的問道：「你在回家的七天當中，有沒有做過什麼事？」沙彌回想一下，天眞地說：「在回家的途中，我經過一個水塘，看見一堆螞蟻被困在水中，我就放了一片樹葉，結果螞蟻眞聰明，一隻隻都利用葉子爬上岸了。」

師父一聽，知道本來夭壽的沙彌，就爲這一念慈悲救了螞蟻，因此延長了自己的壽命。

一念的善心，一念的慈悲，是很可貴的。

三個大哉問

有人問：「怎樣才能生起慈悲心？」

答曰：「若將苦樂立場互相調換，就會生起慈悲心。」

有人問：「怎樣能夠具有智慧？」

答曰：「若能反省責己，多問幾個爲什麼，就能產生智慧。」

又有人問：「怎樣才能夠轉悲爲喜，轉苦爲樂？如何轉換自己的心情？」

答曰：「凡事多爲他人想，不要全爲自己想；凡事多往好處想，不要只往壞處想，自能轉換自己的心情。」

看得開、想得通，自己心中不被惡煞盤據，光明、歡喜自然就會照來。

以責人之心責備自己，以寬恕自己的心去寬恕別人，說錯話，做錯事，只要認錯，當下心情就會得到舒解。

將心比心

在一個畜欄裏，養了豬仔、綿羊、乳牛。有一天，飼主打開畜欄，捉住了豬仔，豬仔奮力抵抗，大聲叫喊。一旁的綿羊、乳牛聽了很厭惡的斥責道：「主人也常常來捉我們，我們也沒有大呼小叫，我們都是柔順的服從主人，今天才捉你一次，幹嘛就這樣抗拒、嚎叫？」

豬仔聽了以後回答道：「同伴呀，主人捉我和捉你們是完全不同的兩回事呢！他捉你們，只是要你們的羊毛和乳汁，可是捉我，卻是要我的命呀！」

由於立場不同，情況不同，所處的環境不同，我們很難了解對方的感受，所以人際之間的相處，必須要注意「將心比心」。

對別人的失意、挫折、苦難、傷痛，我們縱不能解決，但也不能漠視，尤其不能有「幸災樂禍」的心理。所謂「眼看他人死，我心急如焚；不是傷他人，看看輪到我。」要有體諒別人的心，要有感同身受的心，將心比心，人間可減少紛爭，多些溫暖。

有的子女年輕時不知道要孝順父母，及至自己做了父母，才感覺到需要兒女的孝順。所謂「不經一事，不長一智」；人不要凡事要到最後才懊悔不及，應該在平時就要「將心比心」的爲別人設想。

我們怕家禽飢餓，要餵牠餐飲；我們怕花草乾枯，要給予澆水；我們對於動植物都能有此體諒的心，爲什麼對於同胞、家人、朋友，不能「將心比心」給予體諒呢？

增智慧遠恐懼

恐懼心理，人皆有之。當金錢物質受到損失，就會心生恐懼；如果身體受到傷害，甚至生命面臨危險的時候，更是恐懼。「落水要命，上岸要錢」，只是恐懼的心理輕重而已。

有的人恐懼妖魔鬼怪，有的人害怕個人獨處，有的人恐懼四周黑暗。兒童懼怕父母打罵，女性害怕男性移情別戀，經商的人擔心血本無歸，從政的人畏懼輿論制裁。也有的人畏懼交通事故，有的人畏懼搶劫暴徒。

所謂「天災人禍，人人畏懼！」颱風、刀兵、水火、地震，誰不害怕；毀謗、造謠、是非、破壞，誰人不懼？

有的人擔心生活的艱難，也有的人掛念老病的衰殘。平時在外權勢顯赫的政客，回到家裏也害怕「獅子一吼」；平日表現神氣活現的英雄，無常來時也是「只怕病來磨」！

人有懼怕的心理也不是完全不好，畏天理、懼因果，才不會爲非作歹；時時深怕愧對人，處處唯恐俯怍於心，如此就能光明磊落的做人。

《般若心經》告訴我們：要遠離恐怖，必須強化智慧；對一切虛幻的假象，要能透徹認識，對外來的逆境，要有勇氣擔當。

《普門品》也說，對於性情怯懦的眾生，不妨多稱念觀世音菩薩的名號，因爲觀世音菩薩又名「施無畏」。因此，只要我們稱念菩薩的名號，接受菩薩布施的「無畏」，則人生又何來恐懼之有呢？

陽光與和風

仙崖禪師教化吵架的夫妻說：「再厚的冰塊，太陽出來也會溶化；再生硬的飯菜，熊熊的火光也會煮熟。」

他感化翻牆外出夜遊的弟子，不怒，也不罵，只是殷殷叮嚀：「夜涼了，小心感冒，快回寮房睡吧！」

鳳梨、柿子，本來是酸的、澀的，但遇到陽光和風的照射、吹拂後，成爲甜美的果實，我們爲什麼不能做陽光和風呢？

你能做別人的太陽、熱火與春風嗎？

識大體

國家、機關、社團……是個人的「大體」，若因爲個人的利益、個人的立場，個人的理念和他們不同，而排斥、損傷他們，這就是「不識大體」。

朋友合作，爲了一點小利，紛爭不已；共同投資，大家主張、意見不同，就一直杯葛對方；別人的好事，千方百計地予以破壞、給予傷害，損人又不利己……都是不識大體啊！

不識大體不只是傷害對方，最重要的是傷害了自己；因爲乘一時之快，出賣別人、毀傷別人，最後終將被世人所唾棄。

不識大體的人，和奸刁小人差不多。

不識大體的人，自己不認識自己，別人會很認識他；因爲他一和人言談之間，就出賣曾經給他依附過、和他來往過的人。

不識大體的人，經常口沫橫飛地大發牢騷，批評、毀謗別人；其實，猶如送禮給人，人家不接受，只有自己收回！

民國初年，霜庭法師即將晉山作金山寺的住持，他的法兄宗仰上人回到鎮江，大家忖度他大概有意回來爭奪住持之位。他明白眾人的顧忌，於是寫了一首詩向霜庭法師祝賀，詩曰：「汝兄回來並無此意，吾弟主席儘管放心。」大家一聽，莫不讚賞宗仰上人識大體也！

舉重若輕

一位哲學家分別給了兩個學生一筆錢，看誰能花最少的錢，買回最多的東西把整間房屋充滿。

甲以一半的錢買回了一屋子的乾草，自感得意；乙只花三分之一的錢買了一隻蠟燭，黑暗的屋子立刻變得明亮起來，這個學生對哲學家說：「先生，我已經把大廳充滿了。」

❖❖❖

戰國時的田忌，和朋友賽馬，每賽必輸，後來特別請教於孫臏，孫臏告之曰：「第一，你要以跑得最慢的馬，去對對方最快的馬；第二，你要以跑得最快的馬，去對對方跑得普通的馬；第三，你要以普通的馬，去對對方跑得最慢的馬。」田忌聽後不解，孫臏說：「此乃二勝一負之道也。」

❖❖❖

有的人，照顧一個家庭，就覺得負擔太重；有的人，爲國爲民，社會大眾都受到他的庇蔭，他卻舉重若輕。

舉重若輕，在於承擔的雄心壯志和平時的涵養實力，有胸襟，有能力，自然舉重若輕。

用智慧解決問題，可以舉重若輕；用聲望、信譽、人緣做事，可以舉重若輕；熟能生巧、根基厚實，也能夠舉重若輕。

過河的瞎子

帶著有色眼鏡看世界，就以爲世界是那個顏色；從井裏窺天，就覺得天是那樣小。人因爲固執己見，所以不會進步。

世界會變，人生也會變，在變之中才有機會變得更好，上古人類茹毛飲血，如果固執己見，怎麼會有今日文明呢！

有個瞎子，經過一條乾涸的淺溪時，不愼失足掉落橋下，所幸他及時抓著橋旁的橫木，大喊救命。路人告訴他不要怕，儘管放手，底下即是地面。瞎子不信，抓著橫木，仍然大哭大喊，直到力氣用盡，失手掉在地面，橋下果然沒有水，可是自己卻無端受了驚嚇和辛苦。

固執己見的人，常常就像過河的瞎子，總要吃了虧才願接受改變。

行善應及時

有一個窮書生，家徒四壁，眼看新年即將來到，他也不能免俗的寫了一幅對聯，上聯是「二三四五」，下聯是「六七八九」，橫披是「南北」。

大家只覺得這個春聯很奇怪，後來被一個有心人看出端倪，原來這幅對聯的上聯是「缺一（衣）」，下聯是「少十（食）」，橫披「南北」，意即家中「無東西」。書生的窘境傳開後，鄰居紛紛送來不少「東西」，幫助這個窮書生過了一個像樣的年。

人生應該要建立一個好的觀念，就是「爲善及時」。

當別人貧窮時，你不及時救濟他，等他貧窮的難關度過了，又何必要你助他一臂之力呢？探病要及時前往，等到病人出院，或者過世了，還要你去探望嗎？

好話要在人家生前讚美他，等到人死了再來歌功頌德，有什麼意義呢？

好事也不要等待以後再做，以後有以後的事情。

做官的人，要懂得及時行善，所謂「公門好修行」；商人有餘裕，就應及時施捨，錢財如流水，只有把握及時行善的機會，才擴大了金錢的意義。

人生當及時！尤其是及時行善。

愚癡最可怕

《百喻經》裏有一個故事：某位婦女生了七個小孩，其中一個生病死了，她就把死去的小孩擺在家裡，自己帶著六個孩子到外面露宿。鄰居看到這種情形，就告訴她：「你這樣做是錯誤的，應該將死掉的小孩搬出去埋葬，讓活著的人住在家裡才對。」婦人想：一個小孩用扛的比較麻煩，不如再殺死另外一個孩子，用挑的比較輕鬆。

這個譬喻今日看來，簡直愚癡至極，但我們是否就不再犯相同「心態」的錯誤呢？

❖❖❖

世間上最可怕的是什麼？貧窮、飢渴、恐怖、絕望……？其實，愚癡最可怕。

愚癡就是不明理。不明理的人，顚倒、邪見、惡行，不但影響自己、影響一時，而且影響他人、影響後世。

中國的成語故事中，「刻舟求劍」、「削足適履」、「挖肉補瘡」……都是在說明愚癡的可笑。在現實生活裏，好賭的人，以爲只會贏不會輸；好戰的人，以爲會勝，不知會敗，這是愚癡。商人「買空賣空」，想要投機致富；農夫「拆東籬，補西牆」，這都是愚癡。

人，只想到自己的利益，完全沒有想到害人的結果，這是愚癡；頑強的人，只想到自己出氣，卻不顧因此會傷害到處世的人和，這是愚癡。不能認清事實眞相，遇到問題不能針對癥結所在，提出正確的解決之道，這更是愚癡。

愚癡比一般的犯錯更加嚴重；犯錯如同走路摔倒了可以再站起來，愚癡如暗夜行走，不見光明。愚癡需要智慧的光來照破，所謂「千年闇室，一燈即明；累劫愚癡，一智頓悟。」認識愚癡的可怕，尤感智慧的重要，因此吾人應該開發自性的智慧之光，如此才能創造光明的前途。

愛與惜

生命的價值就是愛，生命的意義就是惜，例如一件衣服、一張桌椅、一架冷氣機、一輛汽車，你好好的愛惜它，不隨便破壞，讓它多使用幾年，就是延續它的生命。

鐘錶，我用心、用智慧去製造它，鐘錶裏就有我的生命存在。房屋因爲我的設計、監工才能成就，房屋中就有我的生命存在。你對花草樹木歌唱、讚美，花草樹木就會開得更鮮艷；如果你責罵它，它就會黯然失色。

《佛光菜根譚》說：「春天不是季節，而是內心；生命不是軀體，而是心性。」當你把生命融入到大化之流中，宇宙大化都會跟著你起舞、跳動，是則何時不是生命的春天呢？

❖❖❖

以前「勤儉」是一塊錢一塊錢的儉省；現在「勤儉」是一份資源、一份資源的重複利用、回收、再生，並盡可能拒用、減用會造成公害的廢棄物，爲大地儲存潔淨的根本。

大地普載萬物，藏有能源，如母親般生養一切，人與大地都是生命的共同體。有一位睒子菩薩，每走一步路，就怕踩痛了大地；每丟棄一張紙屑，就怕污染了大地；每講一句話，就怕聲音太大吵醒了熟睡的大地。你會如此疼惜與我們相依相存的大地嗎？

不倒翁哲學

東西有保固期，人身也有保固期。少青壯老，在保固期內應該盡量有效利用、徹底發揮，期限一到，重換身體，也如同萬物更新一樣自然。

自古以來，秦皇漢武，他們要求長生不老，不想更換身體、不想更換名位，誰能如願呢？縱然保有肉體不壞，也並不表示價值永存，一個人若能保有信用、保有人格、保有道德形象，保有精神永續，這才能超脫保固期的限制啊。

各行各業的不倒翁。他們爲什麼能不被打倒呢？一者靠智慧，他能了解一切；二者靠仁慈，他能包容一切；三者靠義勇，他能犧牲一切。

所謂不倒翁，因爲他輕鬆搖擺，懂得平衡，他不一定堅持立場，但又四平八穩；他可以不需要人幫助，自己處理自己，所以即使你把他推倒，他又能再度站起來。

人生中，什麼樣的人才能成爲不被打倒的不倒翁呢？

慈悲的人不易被人打倒，能忍的人不易被人打倒；慈悲沒有敵人，忍者無人抗拒。所以，你想做一個不倒翁嗎？

登山，征服自己

有人問第一個登上聖母峰的紐西蘭籍希拉瑞爵士：「在攀登聖母峰的過程中，最大的挑戰是什麼？」他說：「怎樣克服心理障礙，阻止自己放棄嘗試的念頭。因爲我要征服的，不是山，而是自己。」

征服自己不容易，例如，你有執著，你能征服自己的執著嗎？你有私心，你能征服自己的私心嗎？你有欲望，你能征服自己的欲望嗎？你有煩惱，你能征服自己的煩惱嗎？甚至，衰老來了，疾病來了，死亡來了，能一一征服嗎？

征服別人，有時候用金錢、用武力、用美色、用人情就可以征服。但是，我們能以這些來征服別人，別人也能以這些來征服我們。所以，眞正能征服別人的是慈悲、是道德、是大公、是感動，別人對你心悅誠服了，也就被你征服了。

❖❖❖

喜歡冒險登山，不一定非要一次又一次征服世上有形的高山，也該征服自己內心貢高我慢的高山。如果能以同樣的時間、金錢、毅力，去登學問之山，登愛心之山，一樣能創造出對人間、對世界的貢獻。

登山，不是去征服山，而是征服自己。登山要經過多少的辛苦，甚至拿生命去換取成功，爲什麼不拿生命來登人格高山、道德高山、慈悲之山、智慧之山，這才是最有意義的登山喔！

聞思修，得智慧

佛教鼓勵人要聽聞、要思惟、要修行；以聞思修，才能入三摩地！

「聞」是聽聞，別人講話，你諦聽了嗎？你全聽了嗎？假如聽了偏頗的言辭，你會從另外的管道再兼聽嗎？

菩薩修二十五圓通，耳根圓通是一個重要的修行；佛法重在多聞薰習，聽聞比眼看還重要。太遠的東西看不到，太遠的聲音可以聽得到；過去的事情可以聽別人講，但是已經看不到原來的樣子；隔壁的人講話看不到，但是可以聽得到。

其實，學習聽聞要善聽，要會聽，所謂「隻掌之聲」；你能聽到「無聲之聲」，那就是聞所成慧了。

所謂「思所成慧」，就是要正思、善思、淨思、細思；凡事要「三思而後行」。世界上有財富的人，很可貴；但是有思想的人，不但可貴，而且更值得尊敬。

世間上的哲學家，解釋了多少宇宙的問題，都是靠他的思想；多少科學發明，也都是科學家經過思想、實驗所成；多少的文學家，文辭幽美，思慮周全，也是思想的結果。我們如果能夠經常思惟、反省、內觀，就會思所成慧了。

所謂「修所成慧」；修，就是行持，就是實踐。修，有苦修、樂修、眞修、內修、共修、自修。衣服破了，要修補才能再穿；房子壞了，要修理才能居住；身心壞了，當然也要修補，才好使用。

萬里的路程，只要你起步，何患不能到達？千里的事業，只要你去實踐，何患不能成功？修行，能做好人；修心，能夠成佛。只要有修，必然有證，這就是修所成慧了。

聞、思、修，照著這個方法做，一定有成果。

聽話與聞法

「師父！我最聽您的話。」這是徒眾最常對我講的。我想：我沒有「話」，大家就要聽我的話，若我有話，那就不會聽了。

佛陀端坐在大雄寶殿上，從不說話，所以大家恭敬他，禮拜他；假如佛陀說話，就不一定有人恭敬他，禮拜他了。

❖ ❖ ❖

人，年輕時聽老師講話，總覺得「話不入耳」，聽老年人講話，總覺得「嘮叨不休」，聽聞宗教教義「以不懂為好」，聽勸善之言，總覺得這些話「與己無關」。這就是不會聽話。

聽話聞法，必須「如器受於水」，不可以把水盆覆蓋起來，意即一個人如果心存貢高我慢，則智語慧言就難以進入心中；如果心中有了先入爲主的偏見、邪見，就像盆中有了雜質，即使再純淨的法水也會被污染；如果心中如水盆有漏，即使天降甘露，也會流失。

不會聽話又如「種子植於地」。土地太堅硬，種子不能萌芽；田裏雜草叢生，荊棘遍地，即使發芽也難以成長茁壯；如果暴露在土表上，種子容易被鳥雀所吃，更是沒有機會開花結果。

所以聽話的藝術必須具有四點：第一、善聽：就是要會聽話，甚至所聽到的話，都能往好處想。第二、兼聽：所謂「偏聽則暗，兼聽則明」；聽話要能兩面皆聽，才不會失去客觀、公允。第三、諦聽：就是要用心聽、注意聽，聽後還要用心思惟、記憶。第四、全聽：聽話不能只聽一部分，更不能只聽正面，不聽反面；只聽好話，不聽壞話，要能全聽才能周全，才不會誤事。

良心與妄語

話，應該當說則說，不當說則不說；不實的話，說了以後是「妄語」，眞實的話不說，也是「妄語」。

有一個殺人犯，雖然逃過法律的制裁，但眼看著有人因他的脫罪遭受冤判，實在逃不過良心的苛責，只好找牧師告解。牧師在謹守不得將信徒所告解的話訴諸他人的規定下，找其他的牧師告解，以求心安。接受告解的第二個牧師也有相同的困境，只得再找第三個牧師告解。直到被冤枉的代罪犯人臨刑前，他對前來主持儀式的牧師喊冤。牧師說：我知道你是被冤枉的，甚至全國的牧師也都知道你是無辜的，但是我們實在不能替你伸冤啊！

「有話當說」是智者，是勇者；「有話當說而不說」，是愚者，是懦者。古時忠肝義膽的大臣，對皇帝冒顏直諫，皇帝要砍他的頭，他說：「讓微臣把話說完，再砍頭不遲！」這種犧牲生命也不受動搖的精神多麼可貴啊！

良言愛語三春暖

愛語，是關懷的語言，是愛護的語言！世間上沒有一個人不喜歡聽。一句話，能表達對人的尊重，對人的友好，對人有幫助，能夠助成別人的信心、善行，就是愛語。

諫言是一種智慧的告白，是一種遠見的說明，是利害得失的分析，是忠誠的直言。但是，諫言的前提是要令人能堪受，不堪受不能達到目的，不但無濟於事，反而適得其反。

❖❖❖

佛陀在譴責人時，他的詞彙用語，例如：「你不知道慚愧」，「你不知道苦惱」，「你不知道慈悲」，「你是愚人」，「你是非人」，這就是他譴責的藝術。

責人要能令人堪受，要能讓人家接受你的教訓，才能達到目的。慈悲、善意、讚美、誠懇，是譴責中最高的藝術。

譴責的話不說破，意在言外，弦外之音，點到為止，也是譴責的藝術。

❖❖❖

懂得自我調侃的人，必然都是很有智慧、很有修養、很有同情心的人；一個居高位的人，有時候對部下無意的冒犯，能用自我調侃化解，也是一種慈悲。

一位將軍作壽，宴請長官同僚。席中，一位侍衛官被安排為一位上將服務，因為太緊張，倒酒時不偏不倚的把整杯酒灑在上將全禿的頭上，一時全場屏息，靜待上將發怒罵人，不意上將卻對侍衛官輕聲說道：「你以為這種方法可以治療我的禿頭嗎？如果有效的話，我早就自己施行了。」

法的勝利

戰爭是殘忍的，戰爭的破壞力造成難以彌補的悲劇，所以，人人希望和平、祈求和平，和平是長久以來舉世所共同追求的目標。

然而，自始以來，人類互相爭戰成爲不可避免的殘酷事實。戰爭有時肇因於強權侵略小國的領土，有時是因爲種族歧視，有時則緣於政治利害，有時是爲了伸張正義，維護公理，不得不採取「以戰止戰」的手段。

四千年前的印度阿育王，和中國的秦始皇一樣，南征北討，所戰皆捷。很多小國戰敗之後，稱臣朝貢，四方順服，但阿育王出巡各國，從列隊歡迎的百姓目光中，仍可看出他們充滿了仇恨。後來阿育王篤信佛法，實施仁政，以慈悲仁道化民，讓百姓安居樂業。後來阿育王再次巡視全國，夾道歡迎的百姓，一個個心悅誠服的高呼萬歲，歡欣鼓舞，愛戴尊崇溢於言表。這時阿育王才深深感嘆說：「法，可以戰勝一切；唯有法的勝利，才是眞正的勝利。」

❖❖❖

戰爭是殘忍的，也是不得已的，但是如果碰到必須加以制裁的惡魔，有時也要殺一儆百，這也是佛教的降魔精神。邪惡的力量應被制服，正義應加以維護，若姑息養奸，不加以制裁，則世界永無安寧。石油雖很重要，但人間正義比石油更重要，希望佛力加被，大家都能冷靜，以慈悲心相互對待。

❖❖❖

世間上每一個人，都要有同體共生的認識，要做到「無緣大慈，同體大悲」，別人有苦難、有需要時，必須給予慈悲。眾生就是我的一部分，再討厭、再合不來的人，也要把它看成自己手上的膿瘡，每天洗滌、包紮、愛護、消毒，傷口才會痊癒。

「一點慈悲，不但是積德種子，也是積福根苗，試看哪有不慈悲的聖賢？

一念容忍，不但是無量德器，也是無量福田，試看哪有不容忍的君子？」

大師智慧法語

畫，遠看則美；山，遠望則幽；
名利，遠觀則能灑脫；小人，遠避則可少是非；
思想，遠慮則能洞察事物本末；心，遠放則可少憂少惱。
「遠」字，妙用無窮！

大地山河在說法

問飛鳥，爲什麼要在天空裏翱翔？飛鳥說：「空中有快樂！」
問游魚，爲什麼要悠遊在水裏？游魚說：「水裏有快樂！」
問湖泊，爲什麼要在山林裏奔騰？湖泊說：「山林裏有快樂！」
問人們，爲什麼在世間活著？人們說：「活著有快樂！」

❖❖❖

大地山河的森羅萬象，可以把它分爲兩類：一是有情類；二是無情類。「有情」是指有生命的人、禽獸、動物等；「無情」是指山河大地和有生機的樹木花草等。

有情說法，我們都聽得懂他的聲音；無情說法，其實更是美妙好聽。

天空的白雲飄飄，江河的流水滔滔；這不是白雲在以它的舒卷自如、流水在以它的隨緣任性，對我們訴說它們的逍遙自在嗎？春去秋來，歲月如梭；花開花謝，時光荏苒，這不也是大自然透過時序的更迭，在向我們訴說「世事無常」的眞理嗎？

地動山搖，這是大地在跟我們說法，告訴我們「國土危脆」；百花萎謝，這是自然在對我們說法，表示「諸法無常」。槍砲刀劍，這是表示「生命苦空」；老病殘疾，這是說明「身爲苦本」。我們的周遭，我們的每日生活裏，哪一樣不是無情的世界在對我們現身說法呢？

禪師豎起了拂塵說：「你懂嗎？」如果你懂得拂塵豎起來的意義，那就是開悟了！禪師指著庭外的柏樹子說：「你會麼？」如果你會的話，當下就是一位禪者了！可惜，空谷迴聲、天籟和鳴，不容易懂得呀！

假如吾人除了「聽」懂有情的說法之外，還能「會」得無情的說法，那就大事都解決了！聰明的人兒，你還能不「去迷開悟」嗎？

心靈鐘聲

寺院裏敲鐘的老頭陀，每天神情專注的一邊敲鐘，口中還要一邊念著：「洪鐘初叩，寶偈高吟；上徹天堂，下通地府。」

來自教堂、來自寺院的鐘聲有寧靜、警醒的力量。

在日常生活中，腦海裏要不時有警鐘響起，心靈上要不時有鐘聲迴盪；想一想：什麼是該做的，什麼是不該做的。

❖❖❖

有一群旅行者到一個名山寶剎參觀，在道場裏卻一直開著隨身帶來的收音機。寺中人員上前勸導說：「朋友，你們來此不就是希望獲得一點寧靜的氣氛嗎？你開著收音機，連在這種地方都要用聲音來麻痹自己，完全沒有一刻的寧靜，怎麼能生出智慧來呢？」

靜，才能擁有禪心，才能通達，才能和聖賢交流，寧靜才能致遠。

❖❖❖

畫，遠看則美；山，遠望則幽；名利，遠觀則能灑脫；小人，遠避則可少是非；思想，遠慮則能洞察事物本末；心，遠放則可少憂少惱。

「遠」字，妙用無窮！

力量的來源

人在世間，總像老牛拉車一樣承載著各種壓力，並且不斷向前奔馳。我們不得不訓練自己的能力，把人生的酸甜苦辣、榮辱毀譽，一起承擔起來。

讀書就是為了增加能力，訓練也是為了增加能力，乃至修行、磨練，都是為了增加能力。別人的幫助，因緣的助成只是外力，最重要的要靠自己，求天、求地、求人，都不如求己。

力量來自於五種：信心，精進，正念，定力，智慧。

「信心」不怕挫折，「精進」猶如充電，「正念」不入邪道，「定力」肯定自我，「智慧」引導一切，有了這些，就是我們最大的能力。

不貪才是寶

春秋時，宋國有一個人得到一塊美玉，獻給做官的子罕，子罕堅辭不受。那個人以爲子罕不識貨，就明白的告訴他說：「這是一塊寶玉啊！」子罕道：「你以玉爲寶，而我以不貪爲寶，如果我接受了你的美玉，我們都失去了自己的寶貝，不如各守其寶吧！」

世間之人多以名聞利養爲寶，或以稀有之物、珍愛之物爲寶，其實，所謂「寶」，就是一個貪愛、貪執；因爲有貪，才需要寶。身外的寶再多，不如心中的一念知足、感恩之心；貪欲的人即使再富有、寶再多，仍是富貴的窮人，唯有「知足常樂」，才是眞富有。

不貪爲富，不貪爲貴，不貪才是寶啊！

一隻猴子，抱了滿懷的果子，眼看地上還有一顆，牠對懷中所有，猶嫌不足，因此彎腰想要再撿地上的果子時，卻讓已有的果子掉落一地，這就是貪小便宜、因小失大的最好例子。

❖❖❖

經常聽到有人抱怨：被人騙了！歹徒騙人的伎倆，諸如：金光黨用假鈔騙眞鈔、不法商人用假貨騙取金錢、不肖之徒用可憐相博取同情遂行詐騙、宵小之輩以花言巧語獲得歡心後行騙詐欺。

世間騙人的花樣很多，一般人之所以上當受騙，除了少部分人因爲基於惻隱之心，未經求證就聽信於人，讓歹徒有可乘之機外，受騙的原因，大都是因爲貪心；貪心，才是受騙的最大原因。

舉例說：有人謊稱有傳家寶貝骨董一件，價值不菲，因需錢孔急，只要有人出價三十萬，即可半賣半送；如果你貪圖別人的寶貝，自然上當。

也有人說，自己有土地一塊，市價值幾千萬元，因生意一時周轉不靈，希望能以土地抵押向你借款五十萬元，一等賣地後，連本帶利六十萬元奉還。結果事後發現，土地權狀是僞造的。

也有人聲稱與朋友合夥投資生意，明年即可分紅多少，現在需要資金三百萬，請你先給予方便，明年加倍奉還。結果是肉包子打狗，一去不回。

也有人自稱來自軍中，手上有軍糧二千石，無法報銷，只要你付運費十萬元，即可免費奉送。結果二千石糧食沒個影兒，十萬元也飛了。

世間形形色色的人，到處不乏騙子充斥人群。被人騙了，如果尚能承擔，還算小事，人生最大的愚事，是自己騙自己。不能認識自己的居心動念，不能認識自己的因緣關係，「不知爲知，不明爲明」的自我僞裝，虛張自己的條件，護短、恕己，都是自欺欺人、騙人騙己。

如何從蒙騙中解脫出來呢？唯有放棄虛妄、貪圖，回歸自我的眞實面目；才能不騙人，也不爲人所騙。

山水人生

山的美妙，在四時不同，所謂春山淡雅、夏山蒼翠、秋山明淨、冬山如睡；四時之山，也如同人之一生，有濃淡、有動靜、有榮枯。

水的流動，也富含人生哲理。水有漣漪、有波濤、有奔放；正如人生的際遇，有高低、有得失、有起伏，就看你如何任運揮灑！

山水是天地間大自然的寶藏，心靈中能有山水、生活裏能有山水、人情裏能有山水；依山傍水的人生，必定能愜意安然，美不勝收。

加持的眞義

「加持」，就是增加心靈上的力量，心靈上的感受。這種力量來自信仰，或是他人的思想、慈悲、精神力。

人在脆弱的時候，特別希望獲得加持，也就是需要別人的幫助，所以親人朋友的幫助，甚至一句安慰、鼓舞的話，讓人重拾信心，就是加持。

加持，要施者、受者彼此有溝通、有交流，尤其要有信心、有誠心、有謙虛的心，才能受用；傲慢的心得不到加持，無法受用。

加持最終要從他力加持，到自我加持；自己的信仰、慈悲、智慧、忍耐，都能自己加持自己，這才是加持的眞義。

靜心與思惟

人透過感覺而觸及內心更深層的部分，因此感覺有通往覺悟的功能，在「感覺」與「覺悟」之間的觸媒則是靜心與思惟。

能靜心的人，心靈自有花園，四時佳興皆是花季，便無需到處尋找美的感覺、春天的感覺。

能思惟的人，自能見及眞正的價值，則不爲妄表相惑，也不會在人生裡製造些隨時流轉，隨業流轉的垃圾了。

若能時時在感覺、靜心、思惟裡鍛鍊，養成了觀照的生命態度，就能在車流人潮中也能有悟的一刻。

那悟的一刻，像是杜鵑突然開出花朵，像是楓樹吐露新芽，像是山坡上的鳳仙花，啵的一聲，撒了滿山的種子。

❖❖❖

靈感不是天外飛來的，靈感是平時苦思、揣摩、經營、醞釀、研討……成爲習慣後，才會發生的。如果不經過自我的努力，哪會突有靈感呢？

靈感就是心靈的花開放了，心靈的燈突然亮了，靈感是專心而來的，靈感是對某件事的起悟，靈感也是心和外境接觸後，久久在心中的東西忽然起用了。

你要靈感嗎？還是從凡事用心開始吧！

思想・禪・悟

「我思，故我在」；思想是促進人類文明的動力。人因爲有思想，故能開發智慧，故而佛教講：「以聞思修而入三摩地」；儒家也主張：「學而時習之」、「學而不思則罔」。

思想到了極致，就是開悟。當初佛陀的悟道，也是經過苦思冥想，才能悟出宇宙人生的道理，而得了然於胸；因此有人說，佛陀是宗教家、教育家、慈善家，其實佛陀更是一位大思想家。

今之禪門的參禪悟道，也是要窮追猛問，一點也不放鬆，一直問，一直想，一直參下去；因此禪門的打坐，並非枯坐而是要參，也就是用心思想。

一篇文學作品，需要多少構思組織，篇章才能完成；一幅山水畫作，也是需要經過幾番思惟布局，才能躍然紙上。一塊石頭雕刻成藝術品，並非刀刻的力量，而是心裏的思惟。

思想是現實之因，現實是思想之果，有因才有果。故今日之科學家、哲學家，都可視為大思想家。遺憾的是，現代的學校教育，普遍不重視思想的啓發，只重視程式的教授。程式是固定的模式，思想是靈活的運用；能夠思惟會意，做事才能靈巧，做人才能通達。

胡適之先生曾說：「大膽假設，小心求證」；假設就是思想，求證就是實踐。自然宇宙，不竟然就是我們現在所認識的樣子，它必定有更深廣的境界，有待我們去思惟探索。佛教裏的佛國淨土，就是由於「思考」所建設的，所以我們現在也要思考：如何建設當今的人間淨土？具體的說，如何建設安和樂利的社會？這是吾人所應該不斷思惟的課題。

❖❖❖

「禪」是要用心去體會，語言文字不易闡述，反而更引起大家醉心的追求。「悟」是非思、非想、非言，不必解釋的當然道理。「禪悟」是一體兩面，很多人關心「禪」，往往忽略「悟」，所以都不是真正懂得「禪」！

眞空妙有

佛教的眞理，用二個字表達，是「緣起」；用一個字表達，是「空」。

有人問：什麼是「空」？我們可以告訴他，電視機本來什麼都沒有，但是開關一開，一百多個電視台，裏面有話劇，有歌舞，有世界史，有山川河流，萬有俱全。

一般人以爲「空」是「空空如也」，是「無」的意思。其實，「空」是建立「有」，不空就沒有，茶杯不空怎麼能裝茶水呢？荷包不空怎麼能裝錢財物品呢？房子不空，怎麼能住人呢？土地不空，怎麼能建設房子呢？所以說：「空即是有，有即是空」。

所謂「有即是空」；房子「有」，但是房子會壞，壞了不就「空」了嗎？電視機裏的節目「有」，但是電視機關了不就是「空」了嗎？難怪佛教說「空有不二」。

「空」的道理是宇宙的眞體，「空」的生活就是美妙的生活。人如果要享受「空」的美妙生活，就先要把自己的心胸擴大成爲「虛空」。虛空能容萬物，萬物並不妨礙虛空；正如一首形容彌勒菩薩的偈語云：「大肚能容，容納世間多少事？笑口常開，笑盡人間古今愁！」

「空」是宇宙萬有的本體，不會爲萬物所壞，我們的生存就要仰賴「空理」。鼻孔要「空」，才能呼吸；耳朵要「空」，才能聽聲音；五臟六腑要「空」，才能健康；「不空」就沒有辦法生存了。

《般若心經》說：能照見五蘊皆「空」，就能度一切苦厄。我空與心空，則無煩惱的障礙；凡事能夠退一步想，自然海闊天空。

因此，人生在世，話不可說盡，路不可走盡；凡事留個空間，才有轉圜的餘地。只要吾人心中有慈悲、有智慧，「妙有」就可昇華爲「眞空」；只要心中有社會、有大眾，「眞空」就能發揮出「妙有」，這就是「空」的眞理。

朋友與知音

人世間沒有兩個同樣的面孔，當然也就沒有兩顆同樣的心。人之處世，知人、知事、知理都還容易，要知人心則很難。你能知道他人心中懷有什麼念頭嗎？你能洞悉他人頭腦裏有什麼思想嗎？

所謂「近山知鳥音，近水知魚性。」人可以知道鳥性，因為你知道牠，牠就會向你飛來；人可以知道山中的獸性，因此可以和百獸為友。

人與人相交，貴在相知。歷史上多少捨身賣命的例子，只為「知音」罷了。

❖❖❖

人在二十歲以前比較容易得到患難至交；三十歲以後，因為相互猜忌、利害衝突，因此難以結交到生死不渝的朋友。

古人交友，所謂「君子之交淡如水，小人之交甜如蜜」；其實，淡如水不見得是好，甜如蜜也不一定不好。朋友之交，重要的是相互了解、相互幫助、相互切磋、相互原諒。所謂「友直、友諒、友多聞」；如果交到一個朋友，錙銖必較、重利輕義，則友誼必定不能長久。

朋友，最好不要有金錢往來，彼此只在道義上結交、在知識上結交。朋友必須要有共識，才能深交；然而對於思想不同的人，只要其德可取，也應該異中求同。尤其，與朋友交，一開始就要想到自我吃虧，不要凡事只想占對方的便宜，如此相交，友誼才能永固。

財富並非永久的朋友，但朋友卻是永久的財富。

❖❖❖

人在社會上，有朋友，也有敵人。尤其競爭激烈的時代，商場有商場的敵人，同行有同行的冤家，利益有利益裏的對手，正所謂「同行相嫉，文人相輕」。

戰場上，最高的戰術是「不戰而屈人之兵」。能幹的人，對於敵人不但不消滅他，反而培養他，成為激勵自己上進、成長的對手。英國保守黨執政，最怕工黨失去在野黨制衡的功能；工黨執政，也掛念保守黨沒落，因此無不百般的培養對方，成為競爭的對手。培根說：「沒有情人，會很寂寞；沒有敵人，也是寂寞的。」此言誠不虛也。古代很多武功高強的俠客，不都遺憾自己沒有對手嗎？甚至籃球場上，兩隊競技，也必須感謝競賽的對方；如果沒有對方，球賽就不能開打。

會成為敵人，或因家仇國恨、利益衝突、思想理念不同；或因氣憤不平、尊嚴受損；甚至朋友之間，因誤會而反目成仇。外交上有一句話說：「國際間沒有永久的朋友，也沒有永久的敵人。」人與人之間，有時候朋友可以成為敵人，有時候敵人也會成為朋友，就看我們對人的態度、看法如何？

然而，朋友可以是永久的朋友，敵人不要讓他成為永久的敵人；凡是能「化敵為友」的人，必是社會上的能者。

公是公非

論是非，講公道，常因各說各的道理，各有各的立場，甚至牽涉到歷史文化、風俗習慣等背景不同，彼此各執其是，很難有絕對標準。因此是是非非、是中有非、非中有是，紛紛擾擾，於焉產生。

所以，佛教主張「中道」，對任何事都要看他的居心、看他的動機，因爲凡事都有因果的兩面，唯有看出「中道」的因緣，才有「公是公非」。

凡事不看兩面的人，喜歡聽「片面之詞」，這是不懂得公理。

公理要把它放在檯面上來講，它必定有一個平衡點；它是兩面的，是多面的，甚至還有其它另外的內在因緣呢！至於如何看出這些？那就只有靠智慧才能瞭解了！

世間上沒有絕對的善惡。砒霜能害人，用之得當，也能救人；嗎啡世之所禁，有時遇到惡疾厲痛，也要靠它；炸藥能傷人害民，也能幫忙鑿穿山壁；謊言害人，但有時善意說謊救人過關；蒔花養草，可淨化空氣，調養身心，但過敏花粉，也令人身心不適；抗生素殺死細菌，過量也傷害有益的細菌群；咖啡提神，過量造成骨質流失……善與惡全看如何用啊！

❖❖❖

公說公有理，婆說婆有理。很多時候，理是說不清的，因爲立場不同，看法不同，道理也就不同。

所謂道理，橫說豎說，直說歪說，這樣說那樣說，都難以說透。所謂眞理，是不經語言、不立文字、不假思惟，所以眞正的道理還是不說。

有理不在高聲，有理也不一定說明！「一默一聲雷」，不說，也是眞理。

絕不姑息歪理

把不是道理的道理，執著以爲是道理，所謂「戒取見」、「戒禁取見」，這比不懂道理更可怕。

有個學生考試作弊，老師說：「我警告你，你偷看鄰座的考卷已經三次了。」

學生說：「老師，你不要怪我，你應該要怪他，是他把字寫得又小、又潦草，否則我只要看一次就夠了！」

虧得這種學生，竟然可以跟老師講出這樣的歪理來，邪理眞是可怕啊！

有一位機車騎士闖紅燈，被警察攔了下來，警察質問他：「你爲什麼要闖紅燈？難道你沒有看到紅燈嗎？」

騎士回答道：「警察先生，紅燈我是看到了，只是我沒有看到你！」

這個騎士的邪理，竟然也虧他說得出口！

祖父因爲孫兒不乖，打了孫兒一個耳光。孫兒的父親見了，心裡不高興，立刻自己打自己的耳光。祖父問兒子道：「你爲什麼自己打自己？」兒子回答說：「因爲你打我的兒子，我也要打你的兒子！」

世間上虧得也有人說得出這種歪理，眞叫人覺得不可思議！

一個小偷偷了人家的三千元，被主人抓到，責問他：「你怎麼可以偷我的錢？」

小偷說：「你荷包中有五千元，我只偷了三千元，你還要計較什麼？」

歪理，邪理，實在是可怕！佛教講「眞理」，眞理必須有條件的限制。一句話，有理沒有理？一件事，有理沒有理？就看你這一句話、這一件事，有普遍性嗎？有必然性嗎？有平等性嗎？有永恆性嗎？合乎這許多的條件，就叫做眞理；不合乎這許多的條件，就是歪理、邪理。憑恃歪理、邪理行事，終究不能永久見容於人，所以不得不愼啊！

螃蟹行爲

竹簍中，如果只有一隻螃蟹時，一定要將竹簍口緊緊蓋住，否則螃蟹會沿著竹壁，爬出竹簍子。反之，如果竹簍中，有兩隻以上的螃蟹時，不需蓋上竹簍蓋，螃蟹也逃不出去，因爲只要其中一隻螃蟹，想爬到竹簍口，另一隻螃蟹，爲了要讓自己順利逃生，就會死命地將前一隻往下拖，因此沒有任何一隻螃蟹可以逃得出去。

一個人，如果不識大體，爲了個人的利益或嫉妒而輕忽團隊成功，就是螃蟹行爲。

❖❖❖

在團體裡，因「嫉妒心理」而見不得別人成功，是很容易被察覺的毛病。

有的人說，我就是不喜歡「名牌」，我就是不歡喜和「富商巨賈」往來，很可能就是出自嫉妒的心理。

也有人說，我從來「不想出國」，我從來「不寫文章」，這可能表示他看到別人出國，看到別人發表作品，他心有嫉妒。

弘一大師的修養，素爲人所尊敬，因爲他一切都能隨喜，一切都能讚嘆。別人得罪他，他說「他有他的苦衷」；別人指責他，他反而感謝對方的關心。用太鹹的菜給他吃，他說「鹹有鹹的味道」，甚至一條毛巾壞了，他也捨不得丟棄，他說「還可以再用一段時間」。

人，要能互相助成，互相讚嘆，有與人爲善的心，要有感恩的心，嫉妒便會消失無形，是非煩惱自然匿跡無影。

把握時間

一個人要想有所作爲，必須在青年的時候先將基礎打好，不管什麼事情都要趁青年的時候做好預備。慈航法師曾一再強調「大器晚成」，這意思是說，青年不能太早出頭，要慢慢的養精蓄銳。那時我聽了他的話，並不以爲然，覺得人生在世，歲月苦短，能有機會、有能力，就要好好把握。「莫到老來方學道，孤墳多是少年人。」

一生中値得做的事，窮我們有生之年都不一定能完成，所以人要好好珍惜當下，把握現在，做好身邊的每一件事，日後才不會後悔！

❖❖❖

有一個藝術家，承接一件作品，三年未成，別人的早就交件了。老闆質問他，怎麼一件東西需要雕那麼久？他反而責問老闆：藝術品有時間嗎？

藝術品也要有時間，沒有時間，今生看不到，有什麼用？

現在的社會，凡事講經濟、講效率；工作不講效率，拖延再拖延，就等於人家飛機砲彈都已經打到頭頂了，我們還在研究作戰計畫呢？

即使是修行的人，也有所謂的「剋期取證」，不容許慢慢的因循。

❖❖❖

網路上有一則趣談：有個地方正在召開昆蟲大會。會議進行到一半，飲料沒有了，大家商議著叫誰去買。蜈蚣自告奮勇爲大家服務。蜈蚣去了許久，遲遲不見回來，大家心急，著人前去察看。哪知大門一開，卻見蜈蚣還蹲在門口穿鞋子，因爲它有一百多隻腳。

現在這個時代，講究的是速度；飛機講快，火車講快，汽車也講快。快，表示性能好；快，表示有價值。凡事拖延緩慢，不管人也好，物也好，總會被淘汰的。

四種人生

你看過有些人吃麵包，先把邊皮吃完，再吃麵包的中心，這是有「先苦後甘」的性格。承受了先人的遺產庇蔭，終日游手好閒，不肯努力上進，一旦家產敗光，老來窮途潦倒、晚景淒涼，這就是「先甘後苦」的人生。

先耕耘，而後才有收穫，這是宇宙間不變的因果法則。耕耘總是辛苦的，收穫則是甘甜的。凡是「先苦後甘」的人，必定後力無窮，漸入佳境。世界上各個民族，習性、作風大異其趣。有的民族，今天領了薪水，非得等到薪水吃喝享樂用盡以後，才會再繼續工作；有些民族，則懂得未雨綢繆，累積所得，希望百年受用。

佛經中歸納四種人生：先冥後明、先明後冥、先冥後冥、先明後明。你要「先苦後甘」的人生呢？還是「先甘後苦」的人生呢？

命運，就在臉上

有一個畫家想要畫一幅耶穌像，於是在全世界許以重金，希望找一個莊嚴、聖潔，貌似耶穌的人當模特兒，經過一番努力，終於完成畫作。

十年後，畫家想再畫一幅魔鬼的畫像，做強烈的善惡對照。於是又四處徵求一個形似魔鬼的人當模特兒，終於在某監獄裏找到了一個無惡不作，面目猙獰的囚徒。

在作畫的過程中，畫家漸覺此人似乎見過，相談之下得知，原來當年畫耶穌像的模特兒也正是他啊！畫家十分震驚，一個具聖者之姿的人，因生活靡爛，狂放任性，作惡多端而成爲魔鬼之相。

佛教也有一個類似的故事。舍利弗尊者見到一位久未謀面的朋友，發現老友面現兇相，驚問何故？朋友說，最近正在雕刻一尊羅剎鬼面。舍利弗勸他：雕刻魔鬼，長期觀想羅剎猙獰面孔，不如改雕佛像，自能慈悲莊嚴，豈不更好？朋友果眞改雕佛像，數年後，一變而成慈悲相好，人皆樂於親近。

❖❖❖

人，到底有沒有命運？有！因爲有善惡因果，怎麼會沒有命運呢？人的行爲造作，就有各種的業報，怎麼會沒有命運呢？不過，命運不是定型的，修善、修福，都可以改變命運。一件事，可以改變命運；一句話，可以改變命運；一塊錢，可以改變命運；一個念頭，也可以改變命運。

命運不必人算，自己就算得出來。「欲知前世因，今生受者是；欲知來世果，今生作者是。」三世的命運不都盡在其中了嗎？改變命運，要先改變我們的行爲、習慣；習慣養成一個人的性格，因性格做出各種善惡之事，而改變一個人的命運。

一個人的命運，就長在臉上，表現在行爲上；從一個人的出言吐語，就能看出命運。人的心念常在轉換，一念善，就可能上升天堂，一念惡，也可能下墮地獄。所以一年三百六十五日，善念、惡念都在改變我們的命運。

人生的棋盤

人生如一盤棋，每一個人都是一顆棋子，有時擺在重要的位置，是將、是相，有時擺在不重要的位置，成爲小兵、小卒。將相固然重要，棋局將終，小兵、小卒也能立下大功，所以不要計較開始的大小，而要在乎最後立功多少。

棋局有攻有守，能夠攻守自如，才是活棋。任何一顆棋子，在團隊裏，是一顆活子，就有很大的功用。

價值不是一時的，要有未來性；價值不是光看表面的，要有內在潛力。在人生的棋盤上，怎樣創造自己的價值，怎樣營造生命的光輝，就有待我們重新估定價值了。

❖❖❖

「人可以不下棋，但不能不走人生的棋。」

「爲什麼？」

「人一出生就在棋中，能不走嗎？」

「一棋走錯全盤皆輸，如何才能不走錯每一步棋？」

「一棋棋路都有規定，怎會走錯？錯在只顧一棋，不看全盤。」

「人生的棋，什麼是一棋？什麼是全盤？」

「一事是一棋，一生是全盤；一人是一棋，一團體是全盤；一團體是一棋，一國是全盤；一國是一棋，一世界是全盤。」

「如何才能看清全盤？」

「理想高、眼光遠、心胸寬、腳步穩、無私無我，就能看清全盤。」

身心安頓

世間的成功，是屬於肯突破的勇者所有，如果無法突破，能放下、能看破，也是安身立命之道。

嚴子陵與劉秀是同學，論聰明才智，儀表風度，嚴子陵都遠勝於劉秀。二人共同愛慕美麗的女子陰麗華，但是命運不同，後來劉秀當了皇帝，陰麗華成了劉秀的后妃，嚴子陵仍然東南西北號召有才能的奇人異士輔佐劉秀。

劉秀晏駕以後，嚴子陵到劉秀的靈前祭祀時說：政治上你是勝利者，我是失敗者；愛情上你是勝利者，我也是失敗者。但是勝利者也好，失敗者也好，最後都是黃土一坏。

嚴子陵眞不愧是一個隱士，因緣既不能積極的突破，就應該消極的看破，也不失其人生之樂啊！

突破的人生是向前進的，看破的人生是向後退的。前面有前面的世界，後面有後面的世界，可是心裏總要心甘情願的接受一個願意向前，或者願意後退的世界，否則既不積極突破，又不能消極看破，身心如何安頓呢？

旅人與過客

佛經中有個故事說：一位旅人，行走在曠野，忽然見到一頭大象追趕而來，旅人心驚，急忙逃跑。正在無處躲藏，忽然見一枯井，旅人即刻攀住井邊的枯藤而下。正當要落地時，卻見井底有四條大蛇，於是緊緊掌握枯藤，不敢垂下。就在此時，又見黑白二鼠啃嚙枯藤；正當生死交關、千鈞一髮之際，有五隻蜜蜂在井口飛旋，滴下五滴蜜，剛剛好滴入旅人的口中。旅人嘗到蜂蜜的甜美滋味，一時竟忘卻了上下、左右、前後的危險。

這個故事的寓意是說：大象是「無常」的時光，一直緊追我們不捨。躲藏的枯井即爲「生死」之淵，四條大蛇就是組合我們人體的地、水、火、風「四大」。靠著生命線的枯藤，一時沒有被無常所嚙；可是井邊的黑白二鼠，也就是「晝夜」時光卻不停地、慢慢地會把枯藤咬斷。此時五隻蜜蜂滴下五滴蜜，就是「五欲」的財、色、名、食、睡，旅人嘗到這些許的甜蜜，竟忘記了周遭的危險。

這位曠野旅人，不正是每個人的寫照嗎？

❖❖❖

有人說，人是宇宙的主宰；但也有人認爲，人是宇宙的過客。法院裏的法官出庭審案，稱爲「過堂」；佛教中的僧侶到齋堂用餐，也叫「過堂」。

所謂「過堂」，就是不能久居，不能久留，只是一時的過堂而已。就如人到世界上來，從生到死，數十年歲月寒暑，也只是經過而已；通過了生老病死的過程，空空而來，又空空而去，所以說人是宇宙的過客，一點也不錯！

對於過客的人生，有的人活得很認眞，有的人活得很隨緣，在匆匆的生命中，吾人應該自問的是：我們能爲人間留下一些超越匆匆的紀念嗎？

聽故事，開智慧

天堂的人吃飯筷子三尺長，
三尺長的筷子挾了菜，送不到自己的嘴上，就請對面及隔壁的人吃，
所以天堂的人相互愛敬，一團和氣。
地獄的人吃飯也是筷子三尺長，
但是三尺長的筷子挾了菜，一定要送到自己嘴裡，萬一被隔鄰吃了去，
彼此就怪你罵他，怨恨不已，於是爭吵不休。

鴻雁與蝙蝠

鴻雁是一種大鳥，飛得很高，站在地面的人難以辨識到底是什麼鳥？越國的野鴨很多，越國人看慣了野鴨，往往就把飛在高空上的鴻雁當作野鴨。楚國的燕子很多，楚國人看慣了燕子，也往往把飛在高空的鴻雁當作燕子。

一對遨遊藍天的鴻雁，飛過了楚越兩國，雌鴻雁說道：「楚越兩地的百姓眞迷糊，居然把我們看成是燕子或野鴨。」

雄鴻雁笑著答道：「不要怪他們了，儘管楚人把我們當成燕子，越人把我們看成是野鴨，但我們還是鴻雁，不是嗎？」

❖❖❖

鳳凰過壽，百鳥都去朝拜，獨獨蝙蝠不去。

他。

鳳凰責罵道：「你的地位在我之下，爲何這樣傲慢無禮？」

蝙蝠回答：「我有腳，屬於走獸，不是飛禽，爲何要向你朝拜？」

過了不久，麒麟做生日，百獸都去拜賀，偏又是蝙蝠不去，麒麟也責備他。

蝙蝠說：「我有翅膀，屬於飛禽，我爲何要向你拜賀呢？」

又過了不久，龍王歡度千歲大壽，水族同類紛紛前往慶賀，蝙蝠還是視若無睹，龍王大發脾氣。

蝙蝠說：「你住水中，我住山洞，我又不能下水，如何向你朝拜？」

你認爲蝙蝠是傲慢？是偏執？還是很有個性。

人若像寓言中的蝙蝠，不去趨炎附勢，平實度日，是鳳凰也好、麒麟也好，甚至龍王也好，又能奈牠何呢？

生死操之在己

地獄裏的趙判官，奉閻王之命，到人間來告知世人的陽壽還剩多少。

趙判官坐在路邊，手拿搖鈴，對著告老還鄉的甲說：「你的壽命只剩下三個月；三個月後我會到你的家中搖鈴，只要鈴聲一響，你就要隨我的引導而亡。」

趙判官又再搖鈴一聲，對著經商路過的乙說道：「你的壽命也是只剩三個月，三個月後我會到你府上搖鈴，在鈴聲中，你將隨我而亡。」

甲乙二人聞言，心生恐懼，忐忑不安。從此以後，甲每日憂傷煩惱，想到自己只剩下三個月的壽命，飯也吃不下，覺也睡不好。每天只是看著自己辛苦累積的錢財發愁，不知如何是好。

另一方面，乙一想到自己還剩下三個月的生命，深覺人生苦短，即使擁有萬貫家財，又有何用？因此他廣行布施，到處造橋鋪路，隨緣濟貧救困，每天從早到晚的忙個不停，忘了自己。

當三個月期限一到，趙判官依約來到甲府，早因憂鬱煩惱、心神不寧，導致身體衰弱的甲，一看到趙判官，根本鈴聲都還沒響起，他就倒地而亡了。而乙則因爲行善布施，造福鄉里，社區感念之餘，聯手贈送牌匾，一時鑼鼓喧天，任憑趙判官的鈴聲再響，乙均未聽見，照樣自在生活，深感爲善最樂。

所以，人生的前途，得失苦樂，一切操之在我。人，應該自己做自己的主人。如果苦樂、前途都被別人所操縱，活在別人的掌握之中，豈不可悲？

樂觀與悲觀

每個人的人生觀不同，有的人樂觀，有的人悲觀。樂觀的人凡事都往好處想，都持樂觀的看法；悲觀的人凡事都往壞處想，都持悲觀的看法。

有一個國王，出外打獵的時候不幸弄斷了一節手指，問身邊的大臣該怎麼辦？大臣帶著樂觀、輕鬆的口氣說：「這是好事！」國王聞言大怒，怪他幸災樂禍，因此將他關入大牢。一年後，國王再次出外打獵，被土著活捉，將他綁上祭壇，準備祭神。巫師突然發現國王少了一截手指，認爲這是不完整的祭品，就將國王釋放，改以國王隨行的大臣獻祭。國王慶幸之餘，想起了牢中大臣曾說斷指是好事，實在有理，就立刻將大臣釋放，並對他無故受了一年的牢獄之災致歉。這位大臣樂觀的說：「一年的牢獄之災也是好事，如果我沒坐牢，試想陪陛下出獵而被送上祭祀台的大臣會是誰呢？」

所以，好事不一定全好，壞事也不一定全壞；佛教講「無常」，凡事可以變好，凡事也可以變壞。悲觀的人永遠都是想到自己只剩下百萬元而擔憂，樂觀的人卻永遠爲自己還剩下一萬元而慶幸。

樂觀、悲觀，當然有外在的因緣，但多數都是自己心中創造出來的。人生沒有絕對的苦樂，只要有積極、奮鬥的精神，只要凡事肯向好處想，自然能夠轉苦爲樂、轉難爲易、轉危爲安。海倫凱勒說：「面對陽光，你就會看不到陰影。」積極的人生觀，就是心裏的陽光，此言誠不虛也！

眞假的顛倒

「眞實」和「謊言」一起到河邊洗澡。先上岸的「謊言」偷偷的穿上「眞實」的衣服，「眞實」百般請求，希望歸還，「謊言」怎麼樣也不肯歸還給他。但是，「眞實」自有其理念、骨氣，說什麼也不肯穿上「謊言」的衣服，最後只好一絲不掛的走回家。從此人們眼中只有穿著「眞實」衣服的「謊言」，受人尊重；赤裸裸的「眞實」反而被人看不起，這就是世間上眞假的顛倒。

正見的重要

世間許多人，對眞理沒有正見，常以自己的切身利害、自己的得失做爲行事的標準，因此遇事不順就怨天尤人。

家裏有人死了，怪老天爺沒有保佑〈死亡本爲最自然不過的事，爲什麼要怪老天爺不保佑呢？〉金錢被人倒閉了，股票貶値了，責怪財神不靈〈運轉金錢，必有得失，爲什麼怪罪於財神呢？〉眼睛老花了，要戴老花眼鏡；長短輕重不知，要測量、要磅秤；事理迷糊時，要有正見認知，自然可以排除一些不必要的苦惱。

《譬喻經》裏有一則故事：一個婦人有二個兒子，一個善於游泳，一個不會游泳。

有一天，不會游泳的兒子掉到水裏溺斃了，婦人並沒有哭；後來會游泳的孩子也不幸在水中淹死了，婦人聞訊，放聲大哭。別人覺得奇怪，便問她：「第一個孩子死的時候，妳一滴眼淚都沒有流，第二個兒子死了卻哭得如此傷心，這是什麼道理呢？」

婦人說：「先死的兒子因爲不會游泳，死了只能怪自己不懂水性；但是後死的這個孩子，他懂得游泳，卻也溺死了，這不是很冤枉嗎？」

這個故事主要是告訴我們：一個人如果從未聽聞佛法，沉淪六道，這是無可奈何的事；但是既已聞法，又懂得要修行，卻因爲沒有正見，以至於再受輪迴之苦，這不是很冤枉嗎？

正見的重要，由此可知。

可憐的眾生

有一次，佛陀與阿難尊者在路上行腳，看到一群烏鴉在爭食一塊死老鼠的肉，彼此爭搶，打得頭破血流。阿難無限慨嘆地說：「眞可憐！一塊死老鼠的肉，也值得這樣爭食嗎？」佛陀說：「世間上的人，對功名富貴的追逐，不也是像烏鴉在爭食死老鼠嗎？」

在聖者的眼中看來，功名富貴如同死老鼠；但是，眾生也是爭得頭破血流。

器官移植

佛教裏有個寓言：旅行人錯過了旅店，就在荒郊野外的土地廟歇息，半夜三更，忽見一小鬼，背著一個死屍進來。旅人大驚：我遇到鬼了！哪知此時，又見一大鬼走來，指著小鬼說：「你把我的屍體背來，快還我！」小鬼說：「這是我的，怎麼說是你的！」兩鬼爭論不休，旅人嚇得忍不住發抖。小鬼一見：「喲，神桌下還有人！」隨即說：「出來，不要怕，爲我們做個見證，這個屍體究竟是誰的？」旅人心想，今日難逃一劫，橫豎會死，不如說句眞話：「這個屍體是小鬼的！」大鬼一聽，大怒，即刻上前把旅人的左手折斷，兩口、三口吃入肚內。小鬼一看，此人助我，怎可不管？即刻從屍體上扳下左手接上。大鬼仍然生氣，再把右手三口、兩口吃完，小鬼又將死屍的右手接回旅人的身上。總之，大鬼吃了旅人的手，小鬼就從屍體接回手；大鬼吃了旅人的腳，小鬼就從屍體接回腳。一陣惡作劇之後，二鬼呼嘯而去，留下旅人茫然自問：「我是誰？」

這則寓言主旨是在闡述「四大本空，五蘊非我」，但故事的情節不就是今日的器官移植嗎？

器官移植是內財的布施，佛陀當初割肉餵鷹，捨身飼虎，爲我們做了一個最好的示範，到了今天，對於即將朽去的身體，難道還不捨得遺愛人間嗎？

當你捐出一個眼角膜，就能把光明帶給別人；當你捐他一個心臟，就能給他生命的動力；當你捐贈骨髓，就是把生命之流，流入他人的生命之中。

器官移植，帶給別人生機，也是自我生命的延續。這個觀念打破了人我的界限，破除了全屍的迷信，實踐了慈悲的胸懷，體現了同體共生的生命，只要有願心，人人可以做到啊！

吃飯文化

中國人吃飯，要把碗中的飯粒吃乾淨，表示惜福；日本人吃麵，要故意發出聲音，表示煮得很好吃；西方人認爲，要在碗盤裏留一點東西，表示自己不貪吃。這就說明吃飯的教養、吃飯的禮節、吃飯的文化，各有不同。

天堂的人吃飯筷子三尺長，三尺長的筷子挾了菜，送不到自己的嘴上，就請對面及隔壁的人吃，所以天堂的人相互愛敬，一團和氣。地獄的人吃飯也是筷子三尺長，但是三尺長的筷子挾了菜，一定要送到自己嘴裡，萬一被隔鄰吃了去，彼此就怪你罵他，怨恨不已，於是爭吵不休。

邪不能勝正

有位沙彌夜歸過晚，不得入城，便在城外樹下打坐，等待天明。夜深時，來了一個惡鬼，面孔猙獰，要吃沙彌。

沙彌說：「我和你無冤無仇，我們相隔很遠，你爲什麼要吃我！」

惡鬼問：「你和我爲什麼相隔很遠？」

沙彌說：「你吃了我，我是修道的人，我會生到西方極樂世界去；你吃了我，你的惡行惡心，一定會墮入地獄，這不就相隔很遠了嗎？」

惡鬼聞言大悟，知道邪不能勝正，慚愧而去。

小的有用

在佛教裏有這麼一則故事：

有一個信徒到寺院拜佛，知客師招呼過後，隨即對身旁的老和尚說：「有信徒來了，請上茶！」不到兩分鐘，又對老和尚說：「佛桌上的香灰要記得擦拭乾淨！」「拜台上的盆花別忘了澆水呀！」「中午別忘了留信徒吃飯！」只見老和尚在年輕的知客師指揮下，一下子忙東，一下子忙西。

信徒終於忍不住好奇地問老和尚：「他是你什麼人？怎麼總是叫你做這、做那的呢？」老和尚得意地說：「他是我徒弟呀！我有這樣能幹的徒弟是我的福氣，信徒來時他只要我倒茶，並不要我講話，他只要我留信徒吃飯，並沒有要我燒飯，平時寺裏的一切都是他在計畫，省了我很多辛苦呢！」信徒不解，再問：「不知你們是老的大，還是小的大？」老和尚說：「當然是老的大，但是小的有用呀！」

「敬老尊賢」，這是中國傳統的美德，所謂「家有一老，如有一寶」，老人的智慧與經驗，固然是家庭、社會的一大資產，然而一個社會的發展，也不能缺少年輕人的活力與動力。

老一輩的不要凡事以權威性的命令，而能改以關心、輔導、協助的立場，學習老和尚的「交棒」而享「清福」的心情，看著後輩成長。後輩也能學習、尊重長者的經驗、智慧，不要燥進、排斥，如此又何來代溝之有呢？

其實，人生原本無所謂的大小、高低、好壞、貴賤，完全是在於自己的觀念。人際之間，只要能夠做到「老做小」、「小敬老」，必能融洽和諧。

文字罪

有一天，閻羅王開庭審判，他對甲說：「你在世時殺人、搶劫，胡作非爲，判你墮地獄百年，之後出生爲人。」接著對乙說：「你在世上整天只知吃喝詐騙，無益於社會人民，罰你到地獄受苦五十年，再投胎做人。」輪到丙，他生前是一個新聞記者，閻羅王說：「判你墮到無間地獄，不能超生。」記者聽判後抗議說：「剛才那兩個人種種壞事做盡，也不過罰他們受苦幾年；我既沒偷盜，也沒殺人，爲何會被判到無間地獄呢？」閻羅王說：「他們兩個殺人做壞事，受害只有一次，你寫的文章，戕害人心，到現在還繼續在世上流傳呢！」

中國字的奇妙

有一個書生於寺院見到一幅對聯寫著：「須彌納芥子，芥子藏須彌」，深不以爲然，他說：「須彌容納一粒芥子，說得過去；小小的一粒芥子如何容得下須彌山，這首對聯根本不通。」禪師反問：「俗語說『讀破萬卷書，下筆如有神』，請問你萬卷書如何能藏在小小的肚子裏？」書生聞言，恍然大悟。

❖❖❖

有人問吳稚暉先生：「爲什麼叫「波」？」他回答：「水的皮。」又問：「爲何叫「坡」？」他說：「土的皮」。由此而推，「被」，就是衣的皮；人「疲」倦，是因爲生病了，所以從皮膚的顏色就可以看出端倪。

禮敬僧眾

唐太宗李世民曾對玄奘大師說：「我很想供養僧眾，但是聽說現在的出家人，大多數沒有修行，應該怎麼辦呢？」

玄奘大師答道：「崑山雖產玉，但都含有泥沙；麗水雖然產金，也都摻有瓦礫；泥塑木雕的羅漢，對它恭敬就有福報；銅鐵鑄成的佛像金容，破壞它就會遭受懲罰；用泥土塑成的龍雖不能降雨，但是祈雨還是需要泥龍。僧眾不一定能降福給人，但是修福還是需要禮敬僧眾。重要的是供養的人，能因塑像而引發出來的一顆慈善尊貴之心。」

唐太宗恍然大悟：「今後無論碰到什麼樣的僧眾，一定用禮敬諸佛的態度來禮敬他們。」

唐太宗的體悟，也可提供給今日信眾們參考！

眞正的財富

有一個大富翁，擁有千萬的財富，卻常常哭窮。別人問他原因，他說：「不知道什麼時候會有水災或火災，所謂『水火無情』，財富會給水火蕩盡啊！」人說：「哪有這麼巧，這麼多的水火？」富翁說：「貪官污吏也會搶奪我的財富啊！」人說：「哪有那麼多的貪官污吏？」富翁說：「不肖的子孫也會使我傾家蕩產啊！還有盜賊土匪、通貨膨脹、金融風暴等，都可能使我的財富一夕之間化爲烏有；因爲財富乃五家所共有，我怎麼能不窮呢？」

土地、房屋、黃金、股票、現款……，這些都是五家所共有的財富，人生唯有信仰、滿足、歡喜、人緣、平安、健康、智慧等，才是穩當的財富。

明理、勤勞、喜捨、道德等淨財、善財，不但現世受用，來世還可以受用；不但一時受用，還可以終身受用；不但一人受用，還可以大眾受用，才是眞正的財富喔！

缺點也能善用

晉朝的許允，經媒妁之言娶得一房妻子。當洞房之夜，初見新婦，一看面容醜陋，甚爲不悅，乃問妻曰：「女子應有四德，所謂婦德、婦容、婦言、婦工，請問你有幾德？」

新婦曰：「四德之中，我具備三德，唯少婦容而已！」

許允不悅，新婦反問他：「君子有百行，你具備幾行？」

許允說：「我百行皆備。」

新婦譏嘲道：「君子百行，以德爲先；你今日見我，好色比好德過之，竟然還說百行具備。」

許允聽了新婦的當頭棒喝，自覺羞慚，後來二人恩愛有加，白頭偕老。

世間之事不可能十全十美，「善用缺點」，可能缺點也會轉爲優點，所謂「危機就是轉機」是也！

商場上，公司倒閉了；但是如果商品確爲市場所需要，新的經營者只要改進經營不善的缺點，仍大有可爲。一件事，儘管缺陷很多，如果遇到有爲之人，加以改進，反容易建功立業；例如諸葛孔明「受任於敗軍之際，奉命於危難之間」，不是成就了鼎立局勢的歷史功業嗎？

現在有些開明的企業團體，願意任用殘障人士，因爲殘障人士自知缺陷，對工作更加專心專志、求好求全；如此一來，缺點不是反而成爲優點了嗎？

優點多固然爲人所喜，常人眼裡的缺點透過智慧化爲優點，更是難能可貴。

杯子滿了嗎？

有一個徒弟，以爲自己學藝已成，自信滿滿地來向老師告辭。

老師拿出一個杯子，裏面裝滿了石頭，問他：「滿了沒有？」

回答：「滿了。」

老師就把一些細小的碎石放進去，再問他：「滿了嗎？」

他說：「滿了。」

老師又握了一把沙子放進去，再問：「滿了嗎？」

他遲疑了一下，仍說：「滿了。」

最後，老師加入一碗水。

問道：「滿了沒有？」

學生終於無語。

馬馬虎虎

畫家正在聚精會神的畫一隻老虎，一位老翁慕名前來求畫，希望畫家爲他畫一隻馬。畫家順手就在老虎的身子畫上馬頭。老翁問：「這究竟是馬？還是虎？」畫家答：「馬馬虎虎」！「馬虎圖」的印象就這樣深植在畫家的兩名稚子心中。

數年後，孩子長大了。一日，老大外出，見一鄰人的馬向他跑來，他一時情急，以爲是虎，一箭便將馬射死了，鄰人不甘損失，畫家只好賠錢了事。又過了一段時日，老二出外旅行，途經山區，見一老虎，誤以爲是馬，不但不知躲避，竟還迎面走去，結果喪身虎口。消息傳來，畫家痛悔不已。

「馬馬虎虎」之害，能不引以爲鑑乎？

刮「我們的」鬍子

一對還在蜜月期的新婚夫婦，恩愛逾恆，兩人爲了表示不分彼此，相約不管什麼事都不能說「你的」、「我的」，要說「我們的」。

一日，丈夫進入浴室久久不見出來，太太在門外嬌聲問道：「老公，你在裏面做什麼呢？」只聽丈夫回道：「親愛的，我正在刮『我們的』鬍子。」

刮鬍子看似小事，其實深富處世哲學。刮鬍子之前，必須先用足夠的肥皂及熱水清洗，一方面去除臉部多餘的油脂，同時軟化鬍子。

當你想要指責別人的錯誤時，如果先給予肯定讚美一番，再委婉的指出需要改正的地方，就比較容易爲對方接受，達到「刮鬍子」的目的。

推諉無益

家中的花瓶倒了。
大姊說：是小弟沒有把花瓶擺好。
二妹說：是大哥把門打開，讓風吹進來，才會把花瓶吹倒了。
三弟說：是大姊把花瓶的水倒光，花瓶重心不穩，才會倒下來。
互相推諉，互相踢皮球，不如趕緊把花瓶扶好。

❖❖❖

江蘇泰興縣發生煌災，縣官爲了推卸責任，趕緊呈報上司：「本縣過去從來沒有煌災，煌蟲是從鄰縣如皋飛來的。」並寫了一道公文給如皋縣的縣官，請他下令嚴加捕捉。

如皋縣的縣令也回了一紙公文，上面寫著：「煌蟲本是天災，並非縣官無才，既從我縣飛去，請速押返回來。」

準備的重要

幽默大師林語堂先生，一生應邀做過無數場的講演，但是他不喜歡別人未經事先安排，臨時就要他即席講演，他說這是強人所難。他認爲一場成功的講演，事前需充分的準備，內容才會充實。

有一次，林語堂應邀參觀一所大學。參觀後，與大家共進午餐，這時校長認爲機不可失，便再三邀請林語堂對同學即席講話，林語堂推辭不過，於是走上講台，說了這麼一個故事：

古羅馬時代，暴虐的帝王喜歡把人丟進鬥獸場，看著猛獸把人吃掉。

這一天，皇帝又把一個人丟進了獸欄裏。此人雖然矮小，卻勇氣十足，當老虎向他走來，只見他鎮定的對著老虎耳語一番，老虎便默默的離開了。皇帝很驚訝，又放了一頭獅子進去，此人依舊對著獅子的耳邊說話，獅子照樣悄悄的離開了。這時皇帝再也忍不住好奇，便把此人放出來，問他：「你到底對獅子、老虎說了什麼話，爲什麼牠們都不吃你？」此人回答說：「很簡單呀，我只是告訴牠們，吃我可以，但是吃過以後，你要做一場講演。」

一席話聽得學生哄堂大笑。

像林語堂這麼擅長講演的學者，他都不做沒有預備的講演，可見事前預備工作的重要。所謂「凡事豫則立，不豫則廢」；實堪作爲吾人生活的座右銘啊！

名醫扁鵲

戰國時代的魏文侯，曾問名醫扁鵲說：「你們兄弟三人都是名醫，哪一位的醫術最好呢？」

扁鵲說：「大哥最好，二哥次之，我又次之。」

魏文侯說：「爲何以你的名聲最大呢？」

扁鵲回答：「我的長兄治病，善於在病情發作之前療治，但是因爲一般人不知道他能事先根除病因，所以他的名氣無法傳揚出去，只有我們家的人才知道。我的二哥爲人治病，是在病情初起的時候，就能藥到病除，然而一般人以爲他只能治輕微的小病，所以他的名氣也只傳於鄉里。而我扁鵲治病，是治病於病情嚴重的時候，一般人都看到我在經脈上針灸放血、在皮膚上敷藥動刀等大手術，以爲我的醫術高明，因此我的名氣也就不逕而走，傳遍全國了。」

有名之人不見得就是第一，無名之人不一定就沒有才能。以貌取人，以學歷取人，以人事背景取人，把人才侷限在形式之間，可能會有「黃鐘毀棄，瓦釜雷鳴」的遺憾。

有功何需居

曹操兵敗赤壁，張飛虜獲多少車馬，趙子龍攔截多少俘虜，關雲長卻說：我一點戰功也沒有，反而放走了曹孟德。

但在劉玄德的心目當中，建立第一戰功的人，不是張飛，也不是趙子龍，而是關雲長，因為他代劉備報答了當年受曹操收留的情義，今後可以不必再顧忌人情，好好放手一搏，所以劉玄德認為真正有功的人，是關雲長。

真正的功勞，常記在看不見的帳本上。有功何需居功？

禪師的智慧

一個地痞流氓，在鄉里無惡不作，最不喜歡善人君子。有一天，他想來個惡作劇，就抓了一隻小鳥到某寺，問一位禪師：「禪師，你是一個通達佛法的高人，現在我手中握了一隻小鳥，如果你能猜得到牠是活的？是死的？猜對了，我們就一切善罷干休，否則我不容許你居住在我們本地。」

禪師聽完後，語氣平靜和緩的說道：「壯士，不要玩弄老僧了，既是你手中的小鳥，如果我說牠是活的，你就會把牠捏死，如果我說牠是死的，你就會把牠放走；生死不都是由你自己做主嗎？問我何干！」惡霸雖然凶狠，也不得不佩服禪師的智慧，只得打躬作揖而退。

❖❖❖

蔣介石幼年時離家在外面奮鬥，家鄉的宗族欺負孤兒寡母，侵占了他們的土地田產。老夫人求救雪竇寺的師父，想告狀解決，老師父說：「官司打輸了，或許還可留下小命，如果打贏了，小命都保不住。」一直到後來，蔣介石與母親王太夫人，還感念著老方丈看透世道的睿智救了他們母子倆。

內外一如

雲門禪師去參訪汾陽無業禪師，到了無業禪師的道場，正是薄暮時分。

雲門使勁地敲著深鎖的兩扇大門，半天過去了，知客師父來應門，雲門道明來意之後，抬起一腳正跨入門檻的時候，知客師父出其不意用力把門一關，把他這隻腳壓在裡面了。

「哎喲！好痛喲！」雲門禪師痛徹心肺地叫著。

「誰在喊痛呀？」知客師父佯裝不知地問。

「師父！是我啦！」

「你在哪裡呢？」

「我人在外面。」

「你人在外面，怎麼會痛呢？」

「因爲你把我的腳關在裡面了。」

知客師父一聽，大喝一聲說：

「你還有裡面、外面啊！」

雲門禪師雖然被壓斷了一條腿，但是這一關一闔卻截斷了虛妄紛紜的世界，證悟了內外一如、平等無二的道理。

低姿態處世哲學

有個人建房子，只要建五尺高，工人說：「沒有人建五尺高的房子。五尺高，裏面連站都沒法站。」建屋者說：「只要我採『低姿態』，就可以省下很多建築經費，你爲我擔心做什麼？」

當然，這只是個笑話。不過，低姿態確實是一種處世哲學。

單車競賽的選手，都是盡量彎腰低伏前進，姿態愈低，所受的逆風阻力愈小；楊柳的枝條，都是柔軟低垂的，所以任憑風吹雨打，未見柳樹折斷。

人生在世，昂首與低頭，低頭的人大都受人喜愛，因爲他低姿態；大聲說話和小聲說話的人，人都喜愛小聲說話的人，因爲他低姿態。所以低姿態的人會有人緣，低姿態的人到處都會受人歡迎，所謂「樹大招風，垂枝者勁」，任何人、任何事，如果有韌性，有彈性，能夠低姿態，則凡事反而無往不利。

畫家的異想

美國畫家詹姆斯·唐尼，有一天突發奇想，計畫集合全球一百萬人在特定的日子裏，以鐳射指示器爲畫筆，以月球爲畫布，共同「畫月亮」。

唐尼相信，在秋天的夜晚，當一百萬個鐳射指示器一同指向目標時，半個處於夜間的地球人，都可以看見月球表面一塊美麗的小紅點，這將是人類有史以來最偉大的藝術品。

唐尼的點子雖然被許多科學家認爲是異想天開，但他們又表示，屆時仍將加入畫月亮的行列。

人類歷史上的許多偉大，都是從異想開始。

我也是第一

一九六九年，美國有兩位太空人登陸月球，一位是阿姆斯壯，一位是奧德倫。但現在一般人只知道有阿姆斯壯，卻極少有人知道奧德倫。原因是登陸月球那一刻，由阿姆斯壯先踏上月球，所以阿姆斯壯隨著他的名言「我的一小步，是人類的一大步」舉世聞名，而奧德倫之名卻相對的被埋沒了。

當太空梭返回地球，記者訪問奧德倫：「由阿姆斯壯先出太空艙，成爲登上月球的第一人，你不會覺得遺憾嗎？」奧德倫很有風度的說：「可是大家別忘了，當回到地球時，是我先出太空艙，所以我是由別的星球來到地球的第一人。」

邱吉爾的智慧

英國首相邱吉爾在一次質詢會議中，遇到一位強悍的女議員對他破口大罵：「如果我是你的太太，我一定會在你的咖啡裏下毒！」此時全場肅然，大家都擔心邱吉爾不知將如何應對。只見邱吉爾不慌不忙地說：「如果你是我太太，我一定把那杯咖啡一飲而盡。」

❖❖❖

有人問前英國首相邱吉爾對煩惱的看法，邱吉爾幽默地回答道：「如果我碰到煩惱時，我就會想起一個老人在臨終時說的一段話，他說他大半輩子都活在煩惱中，可是大部分煩惱的事卻從來沒有發生過。」

煩惱就叫「無明」；不明白道理，就會產生無明煩惱。

機智對話

林肯競選總統時，在一場公開辯論會中，對手列舉出誠實、信用、勤奮，將來才能到天堂去，並問大家：「你們要到天堂去嗎？要去的人請舉手」。全場大眾一致舉起手來，只有林肯不動。

這時對手志得意滿地問：「林肯先生，你不到天堂去，請問你要到哪裏去呢？」林肯不急不徐地說：「我要到國會去！」大眾聞言，鼓掌歡呼，同聲叫好。

❖❖❖

馬克吐溫有一次在發表演說時說：「美國國會議員有一半是傻瓜」；此語一出，國會議員認爲這話已經對他們造成毀謗，要他公開道歉。馬克吐溫欣然接受，隔天就在報紙刊登啓示說：「本人對於這次的言論，深感抱歉，因爲美國國會議員有一半不是傻瓜。」

❖❖❖

蘇格拉底有一次被老婆大罵，且當著眾多朋友面前被潑了一盆水，正當大家尷尬得面面相覷，不知如何是好時，蘇格拉底卻不慌不忙地說：「我就知道打雷之後，一定會下雨。」他曾自嘲說：「我因爲娶了一個悍婦，所以成爲哲學家。」

❖❖❖

有人對哥倫布發現新大陸不以爲然地說：「只要一直往西行，任何一個人都會碰到陸地。」哥倫布回答：「對！我們的差別，就在你不敢，我敢！」

作白日夢

一個年輕人，每天都夢想著如何「一舉成名」，但從來不好好地做事。有一天，遇到大發明家愛迪生，趕忙趨前請教，如何才能名揚天下？愛迪生知道青年的毛病，不慌不忙地告訴他：「等你死後，很快就會出名了。」

青年不解，問道：「爲什麼一定要等到死後才會出名呢？」

愛迪生誠懇的對他說：「因爲你一輩子都在說你的夢想，卻什麼都不做，等你死後，人們就會經常提到你的名字，用以告誡那些只會作白日夢，卻不肯動手去做事的人。如此一來，你不就能夠達成名揚天下的心願了嗎？」

說道一丈，不如行道一尺。說食不能當飽，畫餅不能充飢。與其「坐說」，不如進而「力行」吧！

自信不是自負

貝多芬成名後，有一次李希諾夫斯基王子命令他到某一個地方演奏。他在傾盆大雨中步行了三英里，演奏後，寫了一封信給王子，他說：「王子，你之所以成為王子，靠的是命運和出身；我之成為我，靠的是我自己。世界上有千百個王子，但是世上只有一個貝多芬。」

有的人的生命價值，來自於家族、金錢、時運，有的人是靠自己的奮鬥、辛苦而成就。貝多芬的美麗樂章，幾百年後依然受到世人的聆賞、喝采，但沒有人記得王子是誰。

生命的意義，要能對人間有所貢獻，有所利益。就像太陽把光明普照人間，流水滋潤萬物。你同意嗎？

❖❖❖

世界著名的指揮家小澤征爾，在一次指揮比賽中，照著規定的樂譜指揮演奏。忽然，他發現其中有不和諧的地方，便向大會提出問題，卻遭到駁回。經過一番掙扎考慮後，他毅然對著眼前一群音樂界的權威人士大吼一聲說：「一定是樂譜錯了！」話音甫落，評審台上立刻響起熱烈的掌聲，原來這正是比賽的一部分：「自信」！

自信不是自負，而是準備齊全了，厚植實力了，自然發出的信心。

向傳統挑戰的勇者

美國第三任總統湯姆士．傑弗遜（一七四三—一八二六）是敢於向傳統挑戰的勇者。他曾反對少數地主操縱土地的不公平現象，也曾起草許多草案，其中最著名的是〈獨立宣言〉，而最受爭議的就是「建立宗教自由法案」。

傑弗遜紀念館館壁上刻著他的名言：「……謹此向神宣誓：我將永遠與任何有違人性的專制暴政抗衡到底。

我並不是一位喜歡鼓吹更改律令憲法的人，但是法律必須與民心相應。當人性更提升、覺悟更高遠時，就如同發現了新的眞理，人類的態度就應該有所改進，制度亦應與時俱進。如果文明依舊停留在過去祖先的政體上，則如同我們要求大人穿著他童年的衣服一樣不宜。」

我也不是一位喜歡改革佛教的人，但是佛教也同樣要因時制宜，否則不也如同大人穿他幼年的衣服嗎？

船夫與哲學家

有一個船夫，在激流中駕駛小船，船上坐著一位哲學家。

哲學家問船夫：「你懂得歷史嗎？」船夫回答說：「不懂。」

哲學家給予批評說：「那你已經失去一半的生命了！」

接著又問：「你研究過數學嗎？」船夫回答：「沒有！」

哲學家又批評道：「那你就失去一半以上的生命了！」

話剛說完，一陣狂風巨浪把船打翻了，兩人落入水中，船夫對哲學家大叫：「你會游泳嗎？」

哲學家說：「不會！」

船夫無限同情地道：「那你現在就要失去整個生命了！」

做最適當的事

伯樂對不喜歡的人，就教他鑑別千里馬；對他所喜歡的人，就教他鑑別普通的馬。有人究其故，伯樂說：「因爲千里馬難得一見，獲利很慢，普通的馬天天買賣，獲利較快。」

❖❖❖

《韓非子》上也有一則故事說：

魯國有一對夫妻擅長於編麻鞋、織熟絹，他們打算到越國謀生。有人就勸他們不可前往，否則會因沒有生意而窮困。麻鞋是穿在腳上的，但是越國人都是赤足而行；熟絹是作冠的材料，而越人都是散髮披肩的。此夫婦雖然擁有這些技藝，但是到一個不需要的國家，貨物必然滯銷，沒有生意自然會窮困了。

所以，一個人的成功不是沒有原因的，除了本身具足豐富的學識、能力、經驗和條件外，要在適當的時間、適當的地點，做適當的事情，是很重要的。

生存之道

貓頭鷹本是難得一見的夜間動物，在日本本栖湖旁的富士國際花園裏，就豢養了一百多種全世界不同品種的貓頭鷹，牠們原本是夜行者，但被人豢養，供人參觀，因此也不得不適應白天送往迎來的生活。「家雞有食鑊湯近，野鶴無糧天地寬。」何不思之乎！

❖❖❖

《莊子》曾說：「燕子是一種有智慧的鳥，牠看到不該去的地方就不會去；牠銜著的果實掉在地上，便丟去飛走；牠本來是怕人的，卻結巢在人間，始終沒有人去害牠，這便是處世的大智慧。」

伊瓜蘇瀑布有一幕叫人嘖嘖稱奇的景觀，是一隻隻的燕子衝過水簾在崖壁築牠們的燕窩，好幾次看牠們正面地飛進瀑布內，都替牠們擔心萬一被水沖下來怎麼辦？靜觀了將近十分鐘，見牠們那種「萬無一失」的飛行技術，才算安心，也不得不讚歎大自然的神奇。不管再怎麼惡劣的環境，爲求生存總會有毅力可以克服的。

❖❖❖

將撕塊的麵包拋撒出去，一大群海鷗競相飛來爭食。有些積極的，甚至在空中就將麵包接走；有的雖刻意安排，讓牠獨自一隻受食，可是走不到三兩步，便又被其他的給搶走。看起來鷗鳥的世界也與人一樣，如自己不勇敢積極，就是再好的機緣也將坐失。俗話說：「縱是黃金掉在地上，也要我們彎腰，把它撿起來。」

處境不同

宋玉是屈原最得意的學生，有次陪侍楚襄王到蘭台遊樂，恰好一陣涼風吹來，楚王愉快地說：「快哉！這是我與百姓共享的涼風啊！」宋玉因楚王平日荒淫，又放逐自己的老師屈原到漢北，所以藉機諷喻道：

「這風是大王獨有的，老百姓哪能享用？」

楚王不解，問爲什麼？

宋玉說：「國君貴族居於高台平曠的地方，風當然清涼，百姓居住在低窪的窮巷裏，充滿燥熱腐臭的穢氣，吹出來的風自然就穢濁難聞了。」

❖❖❖

一位住在高樓的富商，早晨起來打開窗戶，看到窗外的雪景，不禁詩興大發，於是吟起詩來：「大雪紛紛滿天飄」；孰料站在高樓下的一位乞丐一聽，感嘆低吟：「老天又降殺人刀」。

高樓的富商又吟道：「再落三尺方為景」；乞丐不禁悲從中來，對道：「我輩怎得到明朝」？

好馬要吃草

有一位將軍，戰時對其所騎的戰馬十分關愛，餵食、刷洗都親自爲之，從不假手於人。戰後，他就只用秕糠餵馬，並叫牠拉車運貨，盡做些苦差事，偶爾還會打牠。後來戰事又起，他應召歸隊，將軍馬上就給馬兒裝上戰馬的鞍飾轡頭，自己披上鎧甲，躍上馬鞍，可是那匹馬立刻倒在他的胯下，再也不能負重。

這匹馬好像對將軍說：「你已經把我從馬變成驢，怎能指望我眨眼之間又從驢變成馬呢？」

❖❖❖

有一個東家請了一位教師先生，每日三餐只給西席蘿蔔下飯，教師先生吃得厭膩不已。一日用餐時，東家提出做對子來娛樂的提議，西席連聲稱好。

東家先說：青菜；西席對曰：蘿蔔。

東家再說：鐘鼓；西席對曰：鍪鈸。

東家：綾緞；西席：羅帛。

東家再說：約翰；西席：羅伯。

東家生氣地說：我出了那麼多不同意義的對子，你怎麼都是蘿蔔。教師先生說：我每天三餐所吃的都是蘿蔔，我心裏所想的當然也只有蘿蔔而已。

東家聽出「話裏有話」，西席的飲食終於獲得改善。

錯誤的推論

有一群盲人沒有辦法看見大象，就用手摸，想要知道大象到底是長成什麼樣子。

摸到大象鼻子的人說：「大象像一支鉤子。」

摸到大象耳朵的人說：「大象像一把扇子。」

摸到大象雙腿的人說：「大象像一根柱子。」

摸到大象肚子的人說：「大象像一個大鼓。」

摸到大象尾巴的人說：「大象像一隻掃把。」

盲人們雖然各自說出大象的一部分，但大象究竟是什麼樣子，仍然不知。

❖❖❖

有個人穿錯了鞋子，一隻鞋底厚，一隻鞋底薄，走起路來一腳高，一腳低，感到很不舒服，就向旁人抱怨說：「我今天的腿，不知道什麼原因會一長一短？也許是道路高低不平的緣故吧！」旁人告訴他：「可能是你穿錯了鞋！」這個人趕緊叫僕人回家去取，僕人去了好半天，空著雙手回來，回報主人說：「不用換了！家裏那雙鞋的鞋底，也是一隻厚，一隻薄。」

人，看問題如果不能全面去了解，就無法看清楚問題的核心，也就無法解決問題。

生於憂患

屋樑上的母燕，因爲知道小燕生存的條件不強，寧可將牠推出巢外跌死，也不希望品種衰弱。加拿大的野雁，因爲平時養尊處優，吃得太胖，到最後飛不動了，無法遷徙，只有被凍死。即使是天鵝，一旦被人豢養久了，也會安於現狀，不知道要奔向前途。

「生於憂患，死於安樂」，大自然中無不如此。

❖❖❖

老鷹是兇猛的鳥類，動物學家發現與鷹媽媽餵食方式有關。老鷹一次孵出四、五隻小鷹，鷹媽媽每次獵捕回來的食物，不是依著平等的原則去餵食每一隻小鷹，而是強者爭搶而食，弱者最後只有活活的餓死。如此，最兇狠的存活下來，世代相傳，老鷹一族就愈來愈強，成爲猛禽。

❖❖❖

把一隻青蛙放在鍋子裡，一面加水，再用小火慢慢的加熱，青蛙雖然約略可以感覺得到外界的溫度慢慢在變化，但是由於自己的惰性，牠沒有採取立即的反應，沒有努力往外跳，最後終於被熱水煮熟了而不自知。

殺亦有道

孔子有一次帶子路外出，口渴，叫子路去取水，子路到山澗取水時，碰到一隻老虎，赤手空拳和老虎搏鬥，情急中把老虎的尾巴拉斷了，看著老虎負痛逃走，子路很得意的將老虎尾巴揣在懷裏，取了水，回來見孔子，問道：「老師！上士如何殺虎？」

「上士殺虎，按住老虎的頭。」

「中士如何殺虎？」

「揪住老虎耳朵。」

「下士如何殺虎？」

「抓住老虎尾巴。」

子路滿懷羞慚，把懷裏的老虎尾巴扔了，心想：老師明知山澗有虎，卻要我去取水，實有意害我……，就順手拾起路旁石頭，揣在懷中，又去見孔子，問道：

「老師！上士如何殺人？」

「上士殺人用筆端。」

「中士如何殺人？」

「中士殺人用舌尖。」

「下士如何殺人？」

「下士殺人就只好揣個石頭算了。」

一下子又說中子路心病，子路只好悄悄地又把石頭扔了。

爲官之要

婁師德是唐武則天的宰相，爲人小心謹愼，忍氣呑聲的功夫眞是爐火純青，涵養之深，不愧爲宰相肚裏能撐船。

他的弟弟被任命代州刺史，就任前，特來辭行，婁師德便告誡弟弟忍耐的重要，弟弟的修養也不錯，很自信道：「哥哥您放心，就算有人吐口水在我臉上，我擦乾就算了。」

婁師德說：「不可以這樣，擦乾它，表示你心中有反抗的意思，應該讓它自己乾才好。」

知人之明

有一次，武則天召見宰相婁師德，希望他推薦可擔任輔臣的人才，婁師德推薦狄仁傑。武則天就任命狄仁傑與婁師德一起擔任宰相。

狄仁傑因過往與婁師德有過摩擦，因此常常耿耿於懷，常當著武則天的面前講婁師德的不是。有一天，武則天問狄仁傑道：「婁師德的品德好不好？」

狄仁傑：「他帶兵守邊時，有過戰功，品德好還是不好，不很清楚。」

武則天：「婁師德會薦舉人才嗎？」

狄仁傑：「我跟他共事，從不感覺他有這一方面的特長。」

武則天就將婁師德薦舉狄仁傑的資料給狄仁傑看，並說道：「我覺得沒有人比婁師德更識才的了！」

狄仁傑看過婁師德替自己塡舉薦表後，非常慚愧地說道：「婁公的度量如此寬闊，一直在包容我，我卻還一點不知道人家的好，我比他差遠了。」

❖❖❖

南陽邵縣令出缺，晉平公問大臣祁黃羊誰可勝任？

祁黃羊：「解狐可以擔任。」

平公訝異道：「解狐不是跟你有仇嗎？」

祁黃羊：「您問我誰可以任縣令，並不是問誰是我的仇人。」

不久，掌管兵事尉又出缺，平公又要祁黃羊推薦。

祁黃羊：「祁黃午可以擔任。」

平公：「祁黃午不是你的兒子嗎？」

祁黃羊：「您問我誰可以任兵事尉，並不是問誰是我的兒子。」

爲國舉才不忌諱仇人，不避諱內親，可謂「公正」。

一點即透

宓子賤要去當單父邑宰時，去拜訪陽晝，問道：「您對我可有贈言？」

陽晝說：「我少年時地位卑賤，不懂得治理人民的方法，卻有兩項釣魚的道理想送給您。」

子賤說：「請指示！」

陽晝說：「當你投下釣線放下誘餌，迎面就來吞食者，那是陽橋魚，那種魚很瘦，肉味不美。假如遇到好像有又好像沒有，又像是吃又像不吃，這是魴魚，肉味鮮美。」

宓子賤稱謝後即上道赴任。還沒有走到單父，那些達官顯貴都爭先恐後的到馬路上來迎接他。子賤馬上吩咐車夫道：「車子開快一點！開快一點！陽晝所說的陽橋魚都來吃餌了！」

子賤到單父後，對那些沒有出迎的賢達父老，都先禮遇任用。

惟恐屬下不如己

有一天，楚莊王和群臣在議論國事，大家各抒己見，但議論來議論去，都不如楚莊王的見解高明，眼看天色已晚，楚莊王只好宣布退朝。

群臣散去後，莊王悶悶不樂的坐在書房，申公巫臣關心地問道：「何故使君王不悅？」

莊王說：「每一個時代，世上不會根本沒有聖人，國家也不可能沒有賢人，關鍵在於是否被發現？能得到聖賢爲師者，可以成就王業；能獲得其友誼者，可以成就霸業。而我自知能力不足，輔我的群臣謀士都還不及我，照此下去，楚國的前途就很危險了，這就是我悶悶不樂的原因。」

楚莊王因爲能正確地評估自己，且敢起用比自己能力強的人，後來終使楚國興盛。

互尊互重

南宋時，朱熹與陸九淵兩人只要一碰面，都會極力的提出自己的見解要對方接受。有一次，朱熹對陸九淵道：「要教育學生明白道理，必須多讀書。」

陸九淵：「道理存在人們的思維中，書讀多了，反而糊塗。」

朱熹：「學習不破萬卷書，怎能有出息？」

陸九淵：「書籍堆積如山，何年何月才能讀完？」

這兩位當時頗具影響力的學者，雖有治學思想的分野，但並沒有妨礙他們的友誼，兩人互拜爲師，取長補短，完全沒有門戶之見。朱熹在廬山腳下辦起了「白鹿洞書院」時，不但請陸九淵來講學，還將其治學警句鐫刻在石碑上，立於書院門口。儘管思想不盡相契，但在學術的大前提下，仍能互尊互重，實是「融和」的最佳典範。

孝順要趁早

現代的孝道倫理愈來愈淡薄，醫院裏的老人病房與兒童病房裏，「孝順的父母」很多，但是「孝順的兒女」很少。所謂「久病床前無孝子」，兒女不但平時難得到醫院探望父母，更別說在病榻前的關懷、照顧了。

住院短短幾天，對「病房百態」感觸很多——

有一位父親生病，大兒子送到醫院來，將錢放在父親身上就走了；二兒子到醫院看父親，順手將錢拿走；三兒子則抱怨父親，爲什麼沒有錢？等到要出院時，通知其家人——

大兒子：「我錢都已放在他身上了。」

二兒子：「人又不是我送去的。」

三兒子：「我又沒拿到錢。」

有些子女來探望病中父母，手上都帶著錄音機，不問病情，只問：要給多少遺產？房子要給誰？財產怎麼分？等話錄好，掉頭就走了。

有的說：「我的工作很忙，不能常來，等老父老母斷氣時通知我就好了。」

同一病房，住著一病重、一病輕的病人，病重者的妻子一天二十四小時，都不曾離開過病人一步；病輕者的太太，到病房總是怪這怪那後就走了。兩個月後，病重者康復，病輕的卻死了。

九樓的兒童病房，父母每天都在旁照顧，而老人病房，卻難覓子女的身影。

年輕的父母平時接送兒女上學，日日月月、歲歲年年，無怨無尤；但是兒女偶爾陪父母到醫院看病，一次、二次，他就心不甘、情不願的嫌煩了，好像對父母有天大的恩惠一般。台灣「三代碗」的故事，所謂「記得當初我養兒，我兒今又養孫兒；我兒餓我由他餓，莫叫孫兒餓我兒。」眞是可憐天下父母心啊！

❖❖❖

從前我也會說這個故事給徒眾聽——

有一隻小青蛙，老是和媽媽唱反調，媽媽教牠往東，牠偏要往西；媽媽教牠往西，牠偏偏往東。有一天，青蛙媽媽知道自己快要死了，牠的心意是喜歡住在山上，不喜歡住在水邊，但因為小青蛙常和媽媽唱反調，所以青蛙媽媽交代兒子把牠葬在水邊。平常不聽話的小青蛙突然良心發現，聽從媽媽的話，就把青蛙媽媽葬在水邊。黃昏時，擔心媽媽會寂寞，就在水邊呱呱叫。下雨時，擔心媽媽被水沖走，也在水邊呱呱叫。媽媽在世的時候不聽話，死後再來傷心，難過得呱呱叫已經來不及了。

孝順父母不要等到百年，在世時就要孝順。

「父母原來樹木同，哪能免得落秋風；
勸君盡力生時養，死後悲號總是空。」

智慧珠璣

生命中有太多的為什麼，
你能多知道一些為什麼，
通達了、透徹了，即刻就會有小悟，
累積小悟，就會有開悟的一天。

勵志

白天也有流星，但是白天的流星沒有人注意；夜晚的流星，因爲黑暗的來臨，更突顯了光芒的耀眼，而能讓人讚賞。所以人生的黑暗、挫折不要怕，黑暗中的光明更加可貴。

❖❖❖

「看天田」是中國幾千年來，左右民生的「定」理。在自然界詭變非常理之下，「力田不如逢春，善仕不如遇合」之嘆，總不時寄予一份祝禱。

❖❖❖

松柏的雄偉，要經過千年以後才能爲人所稱頌；江海要匯集多少的河川溪流，才能成其廣大。平時的點滴經驗，實在不容小視。

❖❖❖

水的毅力——

穿雲透石不辭勞，地遠方知出處高；
溪澗豈能留得住，終歸大海作波濤。
萬山不許一溪奔，攔得溪水日夜喧；
待到前頭山腳盡，堂堂溪水出前村。

❖❖❖

有志氣者，不受人侮；有骨氣者，不受人憐。

立身以無愧為難，守身以無玷為難，保身以無疾為難。

恥之一字，所以治君子；痛之一字，所以治小人。

❖❖❖

做大事要有魄力，做小事要能細心，

做難事要肯忍耐，做善事要求無相。

❖❖❖

每一時間都是黎明，每一挑戰都是機會，

每一逆境都是考驗，每一善行都是創造。

❖❖❖

❖❖❖

生命是一本大書，自己的所思、所感、所觸、所見、所想、所得，如果——青少年期：不會寫。壯年期：不想寫。中年期：沒空寫。晚年期：寫不動。

那麼，還能期望留下什麼？

❖❖❖

勿以己之長，而顯人之短；勿因己之拙，而忘人之能。

勿毀眾人之名，以成一己之善；勿廢天下之理，以護一己之慾。

❖❖❖

忍爲傳家寶，善是積德門。

忙人無是非，閒人無快樂；好人無怨恨，壞人無情理；智人無煩惱，愚人無智慧；邪人無正念，正人無邪心；善人無便宜，惡人無慈心；富人無厭足，窮人無朋友；大人無牽掛，小人無情意；強人無畏懼，弱人無公平；醉人無理性，醒人無盲性；眞人無假意，夢人無眞實；覺人無愚昧，俗人無氣質；聖人無分別，凡人無創見；僧人無宿怨，大人無私仇；軍人無私念，眾人無特權；道人無雜念，淨人無污染；商人無囤積，藝人無眞戲；囚人無自由，證人無偏頗。

❖❖❖

《雜阿含經》裡記載，佛陀稱讚「馬」有八德：

第一、品種優秀，姿態優美。
第二、體性溫良，不驚嚇人。
第三、不撿精細，以草為食。
第四、厭惡污穢，喜好潔淨。
第五、接受調伏，善解人意。
第六、安於駕乘，為人服務。
第七、喜行坦道，亦善崎嶇。
第八、衰殘老邁，忠心不變。
良馬八德，應讓人類有所自覺，吾人能如馬乎！

❖❖❖

石之五訓——
一、奇形怪狀，無言但實則最善言之，是石。
二、沉著，長時間埋藏於土中，可以為大地之骨者，是石。

三、雨打風吹，能忍受寒暑，悠然不動者，是石。

四、質堅，能擔任大廈之基者，是石。

五、默默爲山岳、庭院、郊外添趣，使人們覺得心中舒暢者，是石。

但願人在世上，能有如石之德。

❖❖❖

堆積石牆的石頭，如果有一塊特別突顯的話，不論這塊石頭是如何巨大，如何優良，如果不符合石縫的形狀，就無法嵌入其內。所以，人也是一樣，若不能符合環境的要求，不管是多麼優秀的人才，還是無法成爲牆中的一石，普天之下，不知有多少人才就因爲不能削去稜角，而埋於荒野中。

❖❖❖

求觀音，拜觀音，不如自己做觀音。

如何做個日日觀音？

悲傷的時候有歡笑的表情，歡笑的時候有悲傷的掛念。
忙碌的時候有輕鬆的感受，輕鬆的時候有忙碌的進取。
貧窮的時候有富貴的自尊，富貴的時候有貧窮的謙虛。
急躁的時候有緩慢的修養，緩慢的時候有急躁的精神。
憂苦的時候有快樂的觀念，快樂的時候有憂苦的心情。
發怒的時候有慈悲的心腸，慈悲的時候有發怒的認眞。
得意的時候有失落的想法，失落的時候有得意的喜悅。
擁有的時候有喜捨的個性，喜捨的時候有擁有的感受。

❖❖❖

古德云：「觀人觀氣，用人視氣。」如何觀「氣」？
豁達氣博，放蕩氣散，儉約氣固，吝嗇氣縮，謹愼氣定，
拘牽氣滯，簡默氣和，深險氣沉，倜儻氣超，輕佻氣薄，

慷慨氣豪，浮靡氣流，坦白氣真，粗野氣陋，鎮靜氣凝，
空疏氣囂，忠厚氣寬，顢頇氣鈍，精明氣清，刻薄氣促。
希望大家都能鍊就「氣宇軒昂」！

❖❖❖

欲做精金美玉的人品，定從烈火中鍛來；
思立揭地掀天的事功，須向薄冰上走過。

❖❖❖

希臘詩人荷馬的待人處事座右銘是——
教我如何安慰人，不必教我怎樣得到安慰；
教我如何諒解人，不必教我怎樣得到諒解；
教我如何去愛人，不必教我怎樣得到被愛。

貧賤生勤儉，勤儉生富貴，
富貴生驕奢，驕奢生淫佚，
淫佚復生貧賤。

——史典

❖❖❖

一年之計，莫如樹穀；
十年之計，莫如樹木；
百年之計，莫如樹人。

——管子

❖❖❖

❖❖❖

有以名利之說來者，勿問大小，悉宜應以淡心；
有以是非之說來者，勿問彼此，悉宜處以平心；
有以學問之說來者，勿問合否，悉宜承以虛心！

——呂坤

信仰

「信仰」是一種發乎本性、人格、良知的行爲，超越人情、利害、時間的一種情操，不能把它拿來當聯誼的工具，或想達到某種目的的手段。

❖❖❖

一個人，要明白自他關係，明白因緣條件，明白時空未來，明白萬有同源。

想把宇宙人生的問題了然於心，把人我、自他的關係，處理得平等、和諧，這都是要悟道才能成功的。

❖❖❖

生命中有太多的爲什麼，你能多知道一些爲什麼，通達了、透徹了，即刻就會有小悟，累積小悟，就會有開悟的一天。

❖❖❖

大家在佛門裏求法出家，要能做到：

一、無求之有。

二、無爲之樂。

三、無安之安。

四、無財之富。

五、無情之慈。

六、無住之住。

七、無得之得。

八、無人之眾。

❖❖❖

醫學院學生畢業時，都會宣讀日內瓦宣言：「吾必本著良心與尊嚴而行醫，吾最關心者，爲病人之健康。」

❖❖❖

宗教的三寶：佛、法、僧。
大自然的三寶：陽光、空氣、水。
說話的三寶：請、謝謝、對不起。
處世的三寶：謙虛、禮貌、讚嘆。
修養的三寶：安靜、慈祥、沈穩。
家庭的三寶：歡喜、幽默、體貼。

客廳的三寶：書櫥、盆花、壁畫。

齊家的三寶：和氣、和樂、和平。

飲食的三寶：素菜、節制、感恩。

健康的三寶：步行、少欲、氣和。

睡眠的三寶：要放下、不妄想、吉祥臥。

旅行的三寶：增廣見聞、安全歡喜、簡樸節用。

理財的三寶：確立預算、開源節流、勤儉正當。

護理的三寶：同體慈悲、喜悅樂觀、醫術正確。

醫生的三寶：醫能、醫德、醫通。

商人的三寶：童叟無欺、品質保證、信譽卓立。

學問的三寶：活用、廣博、實在。

治學的三寶：勤讀、勤寫、勤思。

學習的三寶：諦聽、接受、思惟。

交友的三寶：誠信、正直、貢獻。

人心的三寶：眞實、善良、寬容。

治國的三寶：愛民、助民、利民。
求職的三寶：專長、禮貌、勤奮。
和長官相處的三寶：服從、忠貞、說是。
僧侶的三寶：慈悲、莊嚴、威儀。
父母的三寶：教養、負責、榮耀。
兒童的三寶：天眞、活潑、乖巧。
女士的三寶：青春、健美、氣質。
男士的三寶：英武、信德、才能。
老人的三寶：不倚老賣老、不眷戀往事、不怨天尤人。

❖❖❖

戒不可不持，戒不持則人天路絕。
行不可不作，行不作則功德不圓。
經不可不講，經不講則理路不明。

禪不可不參，禪不參則心地不透。
道不可不悟，道不悟則觸目成滯。
隨緣事事了，日用儘量少；
一切依戒行，自然無煩惱。

❖❖❖

佛門把學生分為三等：上等生，能承受得了棒喝教育；中等生，只能領受語言開示的教育；下等生，即使你給他愛心的教導，他不但不接受，還會揚長而去。

佛經裡也有以騎馬來比喻教育：上等的馬，只要有人坐上去，牠自己就知道要走；二等的馬，需要揚鞭才能了解要上路；普通的馬，就必須用鞭子打在其身才會跑；劣等的馬，即使你鞭打牠，牠不但不跑，反而睡在地上。

多會一種語言，就可以多交一種朋友；同樣的多會一種語言，也可以多度化一個外國人。佛陀曾告示「菩薩於五明處求」，實不可忽視！

❖❖❖

❖❖❖

半間屋，六尺床，雖不寬廣，卻也平坦。
棉作團，布作被，日間可坐，夜間可睡。
椅一張，桌一個，稿紙滿堆，經書滿櫥。
不求全，不貪滿，得失不計，問心無愧。
閒便去，忙便來，地球村人，佛光自在。

讀書

會讀書不如會讀人，會讀人不如會識人，
會識人不如會做人，會做人不如會用人。

❖❖❖

在學問、眞理面前是無法僞裝假飾的，道德四兩，可以冒充半斤；學問四兩就是四兩，半斤就是半斤，絲毫假不來。所以面對編藏這種清淡冷門的工作，要先有興趣和能力，才不會影響對工作的熱愛。

❖❖❖

沒有思想，即使見聞再多，也不能了然；沒有明心，坐井觀天，卻說天地小。通思想要靠讀書。書中有知識，書中有世界；世界在我心，我心有法界，蝸牛角上能見大千。

❖❖❖

學位實至名歸固然很好，但是將自己放在適當的位子更重要。一個人的成就，絕對不是來自於學位。孔子、孟子、耶穌、佛陀，有誰給過他們學位？

❖❖❖

讀經傳則根柢厚，看史鑑則事理通；
觀雲天則眼界寬，去嗜欲則胸懷淨。

——清・金纓

❖❖❖

一日看生書，宜求速；不多閱，則太陋。

一日溫舊書，宜求熟；不背誦，則易忘。

——曾國藩

❖❖❖

讀書可使人悅樂，爲人做裝飾品及與人以才能——

悅樂，是在家居幽處之時。

裝飾，是用於與人交談。

才能，則使人能斷事處事。

——培根

多讀好書使自己芳香，多做好事使別人快樂。
年輕時要學會看書的習慣，年老才易度時光；
中年時要培養修行的習慣，年老才易度時光；
老年時要懂得保健的習慣，年老才易度時光。

❖❖❖

書籍原非作陳列用的，但沒有別的東西比書更能美化房子。
書店是人人能讀的大學。

❖❖❖

世界像是一本書，不旅行的人只讀到其中一頁。

❖❖❖

讀來全不費工夫的文章，寫的時候一定下過大工夫。

❖❖❖

書櫃比酒櫃更有價值，因爲書櫃裡珍藏著許多智慧結晶。好書在手，是人生一大享受，而旅行各地，增廣見聞，更是一種樂趣。「讀萬卷書，行萬里路」，人生才能多彩多姿，相得益彰。

❖❖❖

讀書時，先縮小自己。創業時，再擴大自己。

❖❖❖

❖❖❖

王安石云：「貧者因書而富，富者因書而貴。」培根也云：「研究歷史使人聰明，研究詩使人急智，研究數學使人精巧，研究自然哲學使人深遠，研究道德使人勇敢，研究理則與修辭使人知足。」

要做一個「完」人，永遠不能離開書。

❖❖❖

「讀萬卷書，行萬里路」，百聞不如一見，人要到外面的世界去看看，心中才有外面的世界，展翼高飛的意境，是要親身去體會，而不是憑想像的。

❖❖❖

讀書沒有什麼特別方法，只有慧巧活用。

讀書是讀心、讀自己，在生活中讀。

會讀書的人，百忙之中也可以讀書。

讀書不妨礙做事，做事亦不妨礙讀書。

修身

我不識何等爲君子，
但看每事肯吃虧的便是。
我不識何等爲小人，
但看每事好便宜的便是。

——弘一大師

❖❖❖

心安身自安，身安室自寬，
心與身俱安，何事能相干？
誰謂一身小，其安若泰山，

誰謂一室小，寬如天地間，
安分身無辱，知幾心自閒，
雖居人世上，卻是出人間。

——安分吟

❖❖❖

喜歡跟人比不全然是壞事。宗三先生說：「年輕人比記憶，中年人比智慧，老年人比意境。」

❖❖❖

人有兩個眼睛，但木匠在雕塑的時候，要把一隻眼睛閉起來，才能看得更準確；手指、腳趾，五而合一，互不分離，互不相擠，才能使力；萬朵桃花一枯根，億萬繁星一宇宙；一心一意，力量更大。

❖❖❖

「耐煩」是一種藝術，「有恆」是一種希望，耐煩有恆讀書才會通曉，耐煩有恆修行才有成就，耐煩有恆做人才能通達，故立身成功之祕訣在於堅志而已。

❖❖❖

聰明人想過才開口，愚蠢的人說後才回想。

❖❖❖

做本分人，說眞心話；做情理事，交誠實人。

有一種東西比才能更罕見、更優美、更珍奇，那就是知人之明。

❖❖❖

看得破、放得下，不受物欲引誘的人，不管身在哪裏，都是隱士。人在山林，心在紅塵；雖住在山林水邊，每日妄想紛飛，不是一個眞正的隱士。

❖❖❖

執著的人，必定會後悔；瞋怒的人，必定會後悔；多疑的人，必定會後悔；貪小便宜的人，必定會後悔；性格猶豫的人，必定會後悔。

人才如土含垢低下，人才如海不揀粗細，人才如林含藏萬象，人才如水委屈自如。

❖❖❖

心思改變，態度會隨之而變；態度改變，習慣會隨之而變；習慣改變，人格會隨之而變；人格改變，則命運隨之而變。

❖❖❖

好利，非所以求富也。

好譽，非所以求名也。
好逸，非所以求安也。
好高，非所以求貴也。
好色，非所以求子也。
好仙，非所以求壽也。
今人所求，皆反之所好，無惑乎百無一成。

❖❖❖

過多的愛護不是不好，而是要受得起也給得起。
受得起不會給人失望，給得起不會辜負人。

❖❖❖

世界上有四種聲音——

最難聽的譏諷之音。
最好聽的讚美之音。
最動聽的鼓掌之音。
最耐聽的寂靜之音。

❖❖❖

「生活」的眞義？
生活艱難時，要面對它。
生活安靜時，要接受它。
生活辛苦時，要體驗它。
生活憂傷時，要克服它。
生活艱難時，要履行它。
生活滿足時，要享受它。
生活迷矇時，要揭開它。

生活活躍時，要把握它。
生活美好時，要歌頌它。
生活挫折時，要奮起它。
生活清閒時，要計畫它。
生活思考時，要完成它。

❖❖❖

人生的痛苦從哪裏來？就是從心有罣礙而來。大至國家大事，小自個人行爲，諸如財富、名位、感情、親友、事業、安危、正邪、有無、好壞……，眞是無不罣礙。這許多東西，像石頭一樣的壓在心上，以致患得患失、顚倒妄想。

六忍歌說：

富者能忍保家，貧者能忍免辱；

父子能忍慈孝，兄弟能忍義篤；

朋友能忍情長，夫婦能忍和睦。

有一首「戒不知足歌」說：

「終日奔忙只為饑，纔得飽來便思衣。

衣食兩般俱豐足，房中又少美貌妻。

娶下嬌妻并美妾，出入無轎少馬騎。

騾馬成群轎已備，田地不廣用不支。

買得良田千萬頃，又無官職被人欺。

七品五品猶嫌少，四品三品仍嫌低。
一品當朝爲宰相，又羨稱王作帝時。
心滿意足爲天子，更望萬世無死期。
總總妄想無止息，一棺長蓋抱恨歸。」
心無罣礙，遠離顛倒妄想，才能有解脫自在的人生。

❖❖❖

靜坐然後知平日之氣浮，
守默然後知平日之言躁，
省事然後知平日之費閒，
閉戶然後知平日之濫交，
寡欲然後知平日之病多，
近情然後知平日之念刻。

——《傳家寶》

❖❖❖

漢朝匡衡的「做人六戒」——修養心性之道，應審度自己所長，補強自己不足：

聰慧睿智者，應戒免過分精細。

寡聞少見者，應戒免閉塞不明。

勇猛剛烈者，應戒免魯莽粗暴。

溫良仁愛者，應戒免優柔寡斷。

耽於安舒者，應戒免坐失良機。

粗心大意者，應戒免遺忘漏失。

❖❖❖

清朝曾國藩先生，一向被認爲是重視修養的人，他能在十個「三」字上用功，如三忌，三薄、三實等，以減少人生的過失，其中以「三寡」最爲人所效法。

此三寡就是：第一，寡思慮以養神；第二，寡嗜欲以養精；第三，寡語言以養氣，誠者斯言也。

❖❖❖

為人勿計得失，應計善惡。
做事勿計成敗，應計是非。
處世勿計貶褒，應計心安。
工作勿計收穫，應計耕耘。

❖❖❖

口乃心之門，守口不密，洩盡真機；
意乃心之足，防意不嚴，走盡邪蹊。

君子以道爲友，小人以利爲友，不管什麼時候，人總離不開朋友，故：
對淵博之友，如讀奇書異誌。
對風雅之友，如讀明人詩文。
對幽默之友，如讀傳奇小說。
對謹愼之友，如讀聖賢經傳。

❖❖❖

人見其近，吾見其遠，曰「高明」；
人見其粗，吾見其細，曰「精明」；
高明由於天分，精明由於學問。
能明而斷，謂之「明斷」；
不明而斷，謂之「武斷」；

武斷自己之事，爲害猶淺；
武斷他人之事，招怨實深；
惟謙退而不肯輕斷，最足養福。

——曾國藩

❖❖❖

目不能自見，鼻不能自嗅，舌不能自舐，手不能自握，惟耳能自聞其聲，故爲人應「愼言語以養其德」。

❖❖❖

栽培心上地，涵養性中天；
身安茅屋穩，知足天地寬。

❖❖❖

接人要和中有介，
處事要精中有果，
認理要正中有通，
大事難事看擔當，
逆境順境看襟度，
臨喜臨怒看涵養，
群行群止看識見，
心術以光明磊落爲第一，
容貌以正直厚道爲莊嚴。

❖❖❖

人不自愛則無所不爲，過於自愛則一無可爲。

完美名節不宜獨任，分些給人，可以遠害全身；
辱行污名不可全推，引些歸己，可以韜光養德。

❖❖❖

持身不可太皎潔，一切污辱垢穢要茹納得；
處事不可太分明，一切賢愚好醜要包容得。

❖❖❖

由人毀譽，觀天地何所不容；
心田似海，納百川方見其大。

❖❖❖

在爲人處事上的「九德」頗能應用：

嚴而寬：訂法要嚴，執法要寬。

柔而立：溫和有禮，立場明確。

愿而恭：憨厚保守，尊重對方。

亂而敬：紛雜之中，保持禮敬。

擾而毅：事雖冗繁，但不盲從。

直而溫：性格坦率，令人堪受。

簡而廉：簡明扼要，無償服務。

剛而塞：積極堅定，固守原則。

彊而義：自信自強，通情達理。

處人不可任己意，要洞悉人之常情；
處事不可任己見，要明白事之常理。

❖❖❖

好嗜欲，則貪愛之心生；
好利養，則奔競之念起；
好順從，則阿諛之人合；
好勝負，則人我之山高；
好刻薄，則嗟怨之聲作。

讓古人，便是無志；不讓今人，便是無量。

——陶覺

❖❖❖

俗情濃艷處，淡得下；俗情苦惱處，耐得下；
俗情抑鬱處，遺得下；俗情耽溺處，撇得下；
俗情擾攘處，閒得下；俗情牽絆處，斬得下；
俗情矜張處，抑得下；俗情侈放處，斂得下；
俗情難忍處，忍得下；俗情難容處，容得下；
斯爲有超世之識，且有超世之守；
胸中不平要鳴，胸中有得要說，即是無量。

——耿楚侗

❖❖❖

處事眞言——

以孝養奉親，以淡泊明志，以勤儉生活，以笨拙學乖，以耳聾止謗，以清淨遠色，以寡言防口，以病患惕勵，以興趣讀書，以疑情窮理，以責己進德，以誠心守禮，以大願立志，以自尊植骨，以感謝救貧，以空慧修道，以弱勢禦侮，以懺悔改過，以熱心做人，以無求交友，以擔當辦事，以慈悲進德，以享有富貴，以懶字抑奔競風，以惰字屏塵俗事。

❖❖❖

偶看到胡澹菴的一首勸世歌很好，想必信眾會很喜歡——

心不光明點甚燈，念不公平看甚經；

大秤小斗吃甚素，不孝父母齋甚僧；
妙藥難醫冤業病，橫財不富命窮人；
利己害人促壽算，積善修行裕子孫；
人惡人怕天不怕，人善人欺天不欺；
暗中陰騭分明有，遠在兒孫近在身；
守口莫談人過短，自短何曾說與人；
生事事生君莫怨，害人人害汝休嗔；
欺心折盡平生福，行短天教一世貧。

❖❖❖

古德呂坤云：「難管的任意，難防的慣病，此處著力，便是穴上著鍼，癢處著手。」

處事者，不以聰明爲先，而以盡心爲急；
不以集事爲急，而以方便爲上。

——呂祖謙

❖❖❖

憂勤是美德，太苦則無以適性怡情。
澹泊是高風，太枯則無以濟人利物。

❖❖❖

行善之人，如芝蘭之草，不見其長，
但日有所增；行惡之人，如磨刀之石，
不見其減，但日有所損。

——《菜根譚》

❖❖❖

曾看過一幅畫，題名爲「靜」——一隻小鳥棲在瀑布旁的樹枝上酣睡。

❖❖❖

如果你有機會一遊挪威的桑德市，最好別忘了面帶笑容，因爲「愁眉不展」在該市被視爲非法。

❖❖❖

做人要注意三點：無求、無私、無欲。
人到無求品自高、人到無私功自大、人到無欲自然正。

人應該要有大地的性格，能生長萬物、能承載一切；人應該要有流水的性格，能滋潤萬物、能隨遇而安；人應該有熱火的性格，能創造文明、能溫暖世間；人應該要有和風的性能，能瀟灑自在、能傳播種子，讓萬物生生不息。

❖❖❖

猴子要求閻羅王讓牠投胎為人，閻羅王說：你嫌拔毛很痛；一毛不拔這點犧牲都不肯，如何能做人呢？

❖❖❖

要以有限時間發展無限空間，除了名利之外，人還有很寬廣的世界。

❖❖❖

令人害怕不如令人喜愛，令人喜愛不如令人讚美，令人讚美不如令人尊敬，令人尊敬不如令人懷念。

❖❖❖

和藹之容見人，謙抑之氣處人，恭敬之心待人，讚美之言和人。

❖❖❖

做人要如滾雪球，不要如吹汽球；做事可以失敗，但做人不能失敗。

❖❖❖

不責人所不及，不強人所不能，不苦人所不好。

❖❖❖

做人處事要能如「水」——遇山水轉，遇石水轉，遇岸水轉，無論遇到誰，我轉！

❖❖❖

養心歌——

得歲月、延歲月，得歡悅、且歡悅；

萬事乘除總在天，何必愁腸千萬結。

放心寬、莫膽怯，古今興廢如眉列；

金谷繁華眼底塵，淮陰事業鋒頭血。
陶潛籬畔菊花黃，范蠡湖邊蘆絮白；
臨潼會上膽氣雄，丹陽縣裏簫聲咽。
時來頑鐵有光輝，運退良金無艷色；
逍遙且學聖賢心，到此方知滋味別；
粗衣淡飯足家常，養得浮生一世拙。

❖❖❖

佛門裏說：「修行人要帶三分病」，白居易也曾寫過——
靜坐觀空，覺四大原從假合，一也；
煩惱現前，以死誓之，二也；
常將不如我者，巧自寬解，三也；
造物勞我以生，遇病稍閒，反生慶幸，四也；
宿孽現逢，不可逃避，歡喜領受，五也；

家室和睦，無交謫之言，六也；
眾生皆有病根，常自觀察克治，七也；
風寒謹防，嗜欲淡泊，八也；
飲食寧節毋多，起居務適毋強，九也；
覓高朋親友，講開懷出世之談，十也。

國家圖書館出版品預行編目資料

星雲大師談智慧 / 星雲大師 著.
-- 第一版. -- 臺北市 : 遠見天下文化, 2010.12
面； 公分

ISBN 978-986-216-668-0 （平裝）

1.佛教說法

225.4 99024650

BBOX030A

星雲大師談智慧

作　　者｜星雲大師
總 編 輯｜吳佩穎
主　　編｜項秋萍
責任編輯｜陶蕃震（特約）
封面照片｜佛光山提供
內頁照片｜遠見雜誌提供
內頁設計、美術編輯｜劉信宏（特約）
封面設計｜19玖IX｜張治倫工作室 郭育良（特約）

出版者｜遠見天下文化出版股份有限公司
創辦人｜高希均、王力行
遠見．天下文化 事業群榮譽董事長｜高希均
遠見．天下文化 事業群董事長｜王力行
天下文化社長｜林天來
國際事務開發部兼版權中心總監｜潘欣
法律顧問｜理律法律事務所 陳長文律師
著作權顧問｜魏啟翔律師
社址｜台北市104松江路93巷1號2樓
讀者服務專線｜（02）2662-0012
傳真｜（02）2662-0007　（02）2662-0009
電子信箱｜cwpc@cwgv.com.tw
直接郵撥帳號1326703-6號　遠見天下文化出版股份有限公司

電腦製版｜東豪印刷事業有限公司
印刷廠｜中原造像股份有限公司
裝訂廠｜中原造像股份有限公司
登記證｜局版台業字第2517號
總經銷｜大和書報圖書股份有限公司　電話（02）8990-2588

出版日期2003年12月15日第一版第1次印行
　　　　2023年8月30日第三版第2次印行
定價330元
EAN｜4713510943892 (平裝)
書 號｜BBOX030A

天下文化

BELIEVE IN READING